Reitberger · Das Buch der 1000 Scherzfragen

Reinhold Reitberger

Das Buch der 1000 Scherzfragen

Mit Illustrationen vom Autor

Loewe

Die Deutsche Bibliothek – CIP-Einheitsaufnahme

Reitberger, Reinhold:
Das Buch der 1000 Scherzfragen / Reinhold Reitberger.
Mit Ill. vom Autor.
1. Aufl. – Bindlach : Loewe, 1998
ISBN 3-7855-3219-9

ISBN 3-7855-3219-9 – 1. Auflage 1998
© 1998 Loewe Verlag GmbH, Bindlach
Umschlagillustration: Reinhold Reitberger
Umschlaggestaltung: Creativ GmbH Kolb, Leutenbach
Satz: DTP im Verlag

Inhalt

Scherzkeksige Fangfragenjagd!

Die Lösungen zu diesem Kapitel findest du ab Seite 25.

Zum Anfang und Warmwerden fischen wir
erst mal hundert frische Fangfragen!

1. Wieso trug Kaiser Wilhelm Hosenträger in
   den Farben Schwarz-Rot-Gold?

2. Darf ein Mann in Deutschland nach dem
   Gesetz die Schwester seiner Witwe heiraten?

3. Wie viele Paar Tiere hat Moses mit auf die
   Arche genommen?

4. Wie muss es richtig heißen: 8 mal 18 ist
   134 oder 8 mal 18 sind 134?

5. Welches Rad wird am wenigsten abge-
   nutzt, wenn ein Auto mit Vorderradan-
   trieb in eine Rechtskurve fährt?

6. Wie viele Nägel benötigt ein gut beschla-
   genes Pferd?

7. Vier Jungs spielten die ganze Nacht und
   als sie endlich aufhörten, hatte keiner von
   ihnen etwas verloren! Wieso nicht?

8. Was kannst du klein und rund auf das
   Dach hinaufwerfen und es kommt dünn
   und lang wieder herunter?

9. Ist es möglich, dass du einen halben Schweinskopf mit zwei Augen sehen kannst?

10. In welchem Monat essen die Einwohner von Dietboldshausen in der Nähe von Castrop-Rauxel am wenigsten?

11. Warum ruft der Kuckuck in Ostfriesland nie sonntags?

12. Wo findet ein Monster stets Zuneigung?

Was muß Professor Doilbieler hier erkennen?

Aller AN-Fang ist schwer!

Was ist denn da los?

Oma drückt beim Autofahren mal so richtig auf die Tube!

13. Wie kannst du mit weißer Kreide rot schreiben?

14. Was kann kein Mensch von sich behaupten?

15. Aus welchen Gläsern trinkt man am meisten?

16. Wer nimmt auch während einer großen Hungersnot zu?

17. Wer kommt stets nach dem Ersten in die Kirche?

18. Wer hat keinen Körper und ist doch sichtbar?

19. Welches Jahr hat nur drei Monate?

20. Wann wird in Ostfriesland Heu gemäht?

21. Wer hat einen Riss im Kopf?

22. Was kannst du niemals mit Worten ausdrücken?

23. Was kannst du verlieren und trotzdem behalten?

24. Wer kann durch eine Fensterscheibe fallen ohne sich weh zu tun?

25. Womit kann auch ein schlechter Schauspieler gut auftreten?

26. Was für Haare hatten die alten Germanen?

27. Was ist bei einem Schiffsuntergang besser als Geistesgegenwart?

28. Was kannst du mit deiner rechten Hand niemals berühren?

29. Ein Segelflugzeug stürzte genau auf die Grenze zwischen Honduras und Nicaragua. Welches Land durfte den Motor behalten?

30. Welches Brot kannst du nicht zum Frühstück essen?

31. Wovor nimmt jedermann und jedefrau, sogar der König von Schweden, seinen Hut ab?

32. Wer arbeitet, wenn es heiß ist, und ruht aus, wenn es kalt ist?

33. Was sieht Gott nie, der Prinz von Wales nicht so oft, der Bauer aber jeden Tag?

34. Wann steht ein Reiter auf einem Bein?

35. Was wird durch Waschen schmutzig?

36. Was kann laufen, hat aber keine Beine?

37. Welches Gewicht wollen auch zu dicke Menschen nicht verlieren?

38. Was hältst du von einer Tasse mit heißem Kaffee?

39. Was kann in einer Tasche sein, obwohl sie völlig leer ist?

40. Wie kommt Hans-Detlev Dielboiler von der Schule nach Hause, wenn es sehr stark regnet?

Was ist denn das?

Das ist der größte Fußballanhänger Deutschlands!

41. Was wird immer feuchter, je mehr es trocknet?

42. Wieso muss ein Auto in Reutlingen keine Kfz-Steuer zahlen?

43. An welcher Seite der Teetassen befinden sich in Ostfriesland die Henkel?

44. Je mehr der Käse davon hat, desto weniger wiegt er. Was ist das?

45. Wenn deine Uhr dreizehn Mal schlägt, welche Zeit ist dann?

46. Wie weit konnten Hänsel und Gretel in den Wald hineingehen?

47. Wie kommt eine große Dogge am leichtesten zu dir in die Wohnung?

48. Was ist das Härteste beim Inlineskaten?

49. In welches Glas kannst du keinen Orangensaft füllen?

50. Wie fotografierst du am besten die Eigernordwand bei Sonnenuntergang?

51. Wo wird in England der König gekrönt?

52. Was ist Loch an Loch und hält doch?

53. Kann ein Mann, der westlich von Berlin lebt, östlich von Hamburg begraben sein?

54. Was ist ein Schauspieler, der in Deutschland geboren wurde, dann in Frankreich auf der Bühne stand und schießlich in England gestorben ist?

55. Wenn ein Müller in seiner Mühle vor vier Säcken mit Mehl steht, auf denen jeweils zwei Katzen sitzen, wie viele Füße sind dann in der Mühle?

56. Was machte Ludwig II. als Erstes, nachdem er Maximilian II. auf den Thron folgte?
57. Wie starb Kapitän Hook, der böse Gegner von Peter Pan?

58. Wann sagt ein Apache „Una pizza quattro stagione, per favore"?

59. Wieso hat die Toblerone die besondere Dreiecksform?

60. Was passiert mit einem Zehnmarkschein, der zu lange in glühender Sonne am Strand liegt?

61. Was sieht genau wie ein halber Apfel aus?

62. Welches Ende der Wurst isst du immer zuerst?

63. Wieso bekommen Frauen viel seltener als Männer eine Glatze?

64. Was macht ein Volkswagen mit drei Rädern, an dem nichts außer der Hupe funktioniert?

65. Was übersieht jedermann, auch wenn er noch so sorgfältig guckt?

66. Wer war das größte Mitglied von Familie Bisschengrößer? Der Vater, die Mutter oder das kleine Baby?

67. In einem Zugabteil saßen zwei Männer, drei Frauen und ein kleines Mädchen. Warum sagte das kleine Mädchen plötzlich: „Wir sind genau vier Personen hier im Abteil!"?

68. Was kannst du nur im Winter sehen?

69. Je größer und stärker es wird, umso schlechter kannst du es sehen. Was ist denn das?

70. Was ist so groß wie ein Haus, aber leichter als eine Feder?

71. Wieso stehen so viele Statuen von Goethe und Schiller in deutschen Städten?

72. Mit welchem Auto kannst du über Wasser fahren?

73. Was ist für einen oft zu viel, genug für zwei und bedeutet nichts mehr für drei?

74. Wie kannst du in einer Sekunde die Hauptstadt von allen deutschen Bundesländern aussprechen?

75. Welche Zeit ist es, wenn sich ein Elefant zu dir auf die Schulbank setzt?

76. Was ist klein, schwarzbraun und düst unter der Erde herum?

77. Bei welcher Entgleisung bleibt ein Zugführer ganz bestimmt ohne Schramme?

78. Was ist ein Lüneburger, wenn er aus der Kirche ausgetreten ist?

79. Was ist Nahblindkontrakilo?

80. Wie überlebten die alten Neandertaler ohne Fernsehen?

81. Was macht drei mal sieben?

82. Wieso darf kein Atommüll zum Mars gebracht werden?

83. Wieso fragte Gott: „Adam, wo bist du?"?

84. Wann ist ein Blitz nicht gefährlich?

85. Was kannst du weitergeben und trotzdem behalten?

86. Wie nennst du eine Frau, die nicht alle Finger an einer Hand hat?

87. Welche berühmten Männer wurden in Idar-Oberstein geboren?

88. Wie kamen die Tiere in die Arche Noah?

89. Was wird gebrochen, wenn es ausgesprochen wird?

90. Welche Vögel fressen mit ihren Federn?

91. Was wird mit Kopf flacher als ohne Kopf?

92. Was ist die einfachste Art frische Plätzchen zu behalten?

93. Was ist das schnellste Getränk?

94. Was macht ein Tischler ohne Holz?

95. Wann ist es einem Bein besonders heiß und kalt zugleich?

96. Wie viele Nägel sind in einem guten Bergschuh?

97. Was macht ein Bäcker bei der Marine?

98. Wer lacht zuletzt?

Ja, wen sehen wir denn hier?

Das ist der Meister und Rekordhalter im Dreisprung!

Lösungen:

1. Um damit seine Hose hochzuhalten!

2. Wenn es seine Witwe ist, dann ist er schon tot.

3. Das war Noah, nicht Moses.

4. 8 mal 18 ist 144.

5. Das Reserverad

6. Keinen Nagel, denn es ist ja gut und damit ausreichend beschlagen!

7. Sie spielten in einer Band!

8. Eine Rolle Garn oder Faden

9. Wieso nicht? Du hast doch zwei Augen, oder?

10. Im Februar

11. Weil er immer nur *Kuckuck* ruft!

12. Im Lexikon unter Z

13. Du schreibst das Wort rot.

14. Dass er gestorben ist.

15. Aus vollen Gläsern

16. Der Mond

17. Der zweite Kirchgänger, der hereinkommt

18. Der Schatten

19. Das Frühjahr

20. Niemals. Es wird auch dort immer nur Gras gemäht.

21. Der Architekt. Er hat den Grundriss des Hauses im Kopf.

22. Einen nassen Schwamm

23. Deinen Kopf

24. Der Sonnenstrahl

25. Mit seinen Füßen

26. Graue Haare, wie alle alten Leute!

27. Körperabwesenheit!

28. Deine rechte Hand

29. Ein Segelflugzeug hat keinen Motor.

30. Das Abendbrot

31. Vor dem Zubettgehen!

32. Das Bügeleisen

33. Seinesgleichen

34. Beim Aufsteigen

35. Das Wasser

36. Der Wasserhahn

37. Das Gleichgewicht

38. Den Henkel

39. Ein Loch

40. Wahrscheinlich mit nassen Schuhen!

41. Das Handtuch

42. Weil auch dort der Fahrzeughalter und nicht das Auto die Steuern zahlen muss!

43. An der Außenseite

44. Löcher

45. Zeit, deine Uhr reparieren zu lassen!

46. Bis zur Mitte, dann gingen sie nämlich wieder aus dem Wald hinaus!

47. Wenn du die Haustür offen lässt!

48. Der Boden

49. In ein randvolles Glas!

50. Mit einem Fotoapparat

51. Auf dem Kopf!

52. Ein Sieb

53. Entweder er lebt oder er ist tot. Was denn nun?

54. Tot

55. Zwei Füße. Die Katzen haben ja Pfoten.

56. Er setzte sich auf dem Thron nieder.

57. Er bohrte aus Versehen mit dem falschen Finger in der Nase!

58. In einer Pizzeria, wenn er Italienisch kann!

59. Damit sie in die Schachtel hineinpasst!

60. Er wird geklaut!

61. Die andere Hälfte des Apfels!

62. Das Ende, das deinem Mund am nächsten ist!

63. Weil Frauen oft ihr Haar länger tragen!

64. Tüt, tüt!

65. Seine Nase

66. Das kleine Baby, denn es war ein kleines Bisschengrößer!

67. Das Mädchen konnte noch nicht richtig rechnen!

68. Deinen Atem

69. Die Dunkelheit

70. Der Schatten des Hauses

71. Weil es doof aussehen würde, wenn sie liegen würden.

72. Mit jedem Auto, wenn du eine Brücke benutzt!

73. Ein Geheimnis

74. Du sagst einfach „Berlin"!

75. Vormittags. Du gehst doch vormittags in die Schule, oder?

76. Ein Maulwurf GTI

77. Wenn seine Gesichtszüge entgleisen!

78. Ein Lüneburger Heide!

79. Das Gegenteil von *Fernsehprogramm*!

80. Schlecht. Sie haben es ja nicht überlebt, oder?

81. Drei mal sieben macht das Korn rein!

82. Weil Mars verbrauchte Energie sofort zurückbringt!

83. Weil Adam keinen anderen Namen hatte!

84. Wenn es ein Geistesblitz ist!

85. Eine Grippe

86. Normal. Wer hat schon alle seine zehn Finger an einer einzigen Hand?

87. Keine. Auch dort werden nur Babys geboren!

88. Zu zweit!

89. Das Schweigen

90. Alle Vögel. Kein Vogel legt sein Federkleid beim Fressen ab.

91. Ein Kissen

92. Die Plätzchen einfach nicht zurückzugeben!

93. Ein Kaffee, der schnell durch den Filter läuft!

94. Er heizt mit Kohlen oder mit Öl.

95. Wenn es als *Eisbein heiß* auf dem Sauerkraut liegt!

96. Fünf Zehennägel

97. Er arbeitet an Backbord!

98. Wer den Witz nicht eher begriffen hat!

Richtig doofe Fragen!

Wer doof fragt, bekommt oft eine noch doofere Antwort. Oder ist es umgekehrt?

Wie auch immer, nur du kennst die Antworten – wenn du sie liest!

1. Was hängt an der Wand, ist grün und bellt?

Ein Dackel im Rucksack des Försters!

2. Was machen zwei Mauern am liebsten?

Sie treffen sich in einer stillen Ecke!

3. Was ist grün und schwingt sich an einer Liane durch den Urwald?

Tarzan im Lodenmantel!

4. Was ist schwarz und schwingt sich an einer Liane durch den Urwald?

Tarzans Kohlenhändler!

5. Was bekommst du, wenn du einen Handschuh mit einem Stinktier kreuzt?

Keine Ahnung, aber du solltest es auf keinen Fall überstreifen!

6. Was ist das? Es ist rot, 30 Zentimeter lang, sehr dünn und liegt in der Wüste?

Ein 30 cm langer roter Faden.

7. Was ist dunkel, 30 Zentimeter lang, sehr dünn und liegt in der Wüste?

Der Schatten des roten Fadens.

8. Womit weckt man einen wilden Löwen?

Mit äußerster Vorsicht!

9. Wieso kaufte sich Tarzans Freund, der Gorilla, einen roten Pullover?

Weil er selbst nicht stricken konnte!

10. Wieso verspeiste das dicke gelbrote Monster einen Monat lang nur Badezimmerwaagen?

Es wollte eine ausgewogene Diät halten!

11. Wieso sollte man kleine Monster nie zu lange allein zu Hause lassen?

Weil sie sonst zu viel fernsehen!

12. Was passiert, wenn der Monsteraffe King Kong ins Kino geht?

Die Besucher hinter ihm verpassen den größten Teil des Films!

13. Für was ist es höchste Zeit, wenn das eine Million Jahre alte Godzilla-Monster zu Besuch kommt?

Dann ist es höchste Zeit eine tolle Geburtstagsparty mit ihm zu feiern!

14. Wie begrüßt du das grüngelbe Monster mit den drei Köpfen?

Guten Tag! Guten Tag! Guten Tag!

15. Wieso war das graugrüne Monster immer so schlecht gelaunt?

Weil es immer mit den zwei linken Füßen zuerst aufstand!

16. Was trinken dicke blaugelbe Monster am liebsten?

Benzin light!

17. Was sagte das rotgraue Monster zum blaugelben Monster mit der dunklen Sonnenbrille?

Nichts, weil es das blaugelbe Monster wegen der Sonnenbrille nicht erkannte!

Was ist denn hier bei Oma passiert?

Sie hatte Besuch vom Frankenstein-Monster! Schade um die schöne Blumen-Tapete!

18. Welchen Wochentag haben die gelbblauen Monster am liebsten?

Monstag!

19. Wie zählen die rotgrünen Monster bis vierzig?

Mit den Zehen!

20. Wie solltest du ein ganz kleines grünes Monster behandeln?

Einfach so lange in die Sonne legen, bis es reif ist!

21. Wie bezeichnet man ein graugelbes Monster, das zu allen Leuten lieb und nett ist?

Als einen Versager!

22. Welches Brettspiel spielen kleine grünrote Monster am liebsten?

Monster, ärgere dich!

23. Wie wurde der Monsteraffe King Kong aufgezogen?

Mit einem Kran!

24. Was ist der Unterschied zwischen King Kong und einem Panzer?

Mindestens 1000 Tonnen!

25. Wieso trägt das gelbgrüne Monster einen großen Sonnenschirm?

Weil der Schirm nicht selbst laufen kann!

26. Wieso haben rotgrüne Monster so viele Falten?

Weil sie sich so schlecht bügeln lassen!

27. Wieso wollte das gelbgrüne Monster nicht um den Titel im Schwergewicht boxen?

Es hatte Angst, es könnte seiner Schönheit schaden!

28. Auf welcher Seite haben die schwarzgrünen Monster die meisten Schuppen?

Auf der Außenseite!

29. Wieso machte sich das gelbblaue Monster Sorgen, als ihm Bohnen zu den Ohren herauswuchsen?

Weil es Kartoffeln gepflanzt hatte!

30. Wieso durfte das Skelett nicht Theater spielen?

Weil es nicht mit dem Herzen bei der Sache war!

31. Wieso können Skelette so schlecht lügen?

Weil sie so leicht zu durchschauen sind!

32. Wieso bekommen Skelette keinen Pass?

Weil auf dem Passfoto das linke Ohr nicht frei ist!

33. Wieso wollte das Skelett nicht Stierkämpfer werden?

Weil es Angst hatte, es würde sich bis auf die Knochen blamieren!

34. Was für einen Hund hatte Graf Dracula?

Natürlich einen Bluthund!

35. Was wollte das Monster vom Astrologen haben?

Sein Horrorskop!

36. Was sagte die Geisterfrau am Morgen vor dem Einschlafen zu ihrem Geistermann?

„Seit einiger Zeit starrst du mich immer so entgeistert an!"

37. Wieso gibt es in schottischen Burgen und Schlössern stets Geister und Gespenster?

Das ist billiger als Alarmanlagen!

38. Wie hieß der nahe Verwandte des Tyrannosaurus Rex, der sich im heutigen Mexiko herumtrieb?

Tyrannosaurus Mex!

39. Wie hieß der fürchterliche Dinosaurier mit den langen Zähnen und den zwei großen Beulen auf der rechten Seite?

Tyrannosaurus Rechts!

40. Was macht ein grüngelbes Monster, wenn es seinen Kopf verliert?

Es beauftragt einen Kopfjäger!

41. Was macht ein gelbrotes Monster, wenn es seine Hand verliert?

Es geht in einen Secondhandshop!

42. Wie nennt man einen Gorilla, der eine Reise mit einem Kreuzfahrtschiff unternimmt?

Passagier!

43. Wie sprichst du am besten mit einem schwarzblauen Monster?

Per Telefon!

44. Was bekommst du, wenn du einen Tintenfisch mit einem Strohhaufen kreuzt?

Acht Strohbesen!

45. Was essen Geister und Gespenster am liebsten?

Spuketti!

46. Was ist gelbrot, drei Meter groß und wird langsam blau?

Ein gelbrotes Monster, das seit drei Stunden die Luft anhält!

47. Wieso gibt es so wenige gelbe Monster?

Weil die meisten gelben Monster so lange blaue Farbe trinken, bis sie grün werden!

48. Wieso haben sich die Monster eine Schar Hühner auf ihre Party eingeladen?

Weil sie sich davon eine tolle Huhnterhaltung versprochen hatten!

Was ist hier eindeutig falsch?

Das Fragezeichen am Ende muss natürlich ein Ausrufezeichen sein!

49. Wieso musste die Orange beim Marathon-lauf aufgeben?

Weil ihr leider der Saft ausging!

50. Was steckt in Australien der Bräutigam der Braut an den Finger?

Einen Bumering!

51. Wieso schnarchte die Banane nicht?

Sie wollte den Rest der Staude nicht aufwecken!

52. Was ist gelb und macht „Klick"?

Eine Banane, die im Nebenberuf als Kugelschreiber arbeitet!

53. Was speit Feuer und macht „GLLL! GLLL!"?

Ein chinesischer Drache!

54. Wieso kauen gelborange Monster keinen Kaugummi?

Weil sie den Kaugummi nicht aus dem Stanniolpapier aus-wickeln können!

55. Wie taut man einen tiefgefrorenen Dino-saurier auf?

Streng nach den Angaben auf der Verpackung!

56. Wieso fressen blaurote Monster immer nur rohes Gemüse?

Weil sie nicht kochen können!

57. Was ist, wenn es bei dir läutet und Frankenstein steht vor der Tür?

Hoffentlich Fasching!

58. Wieso können eigentlich Skelette nicht Fußballprofi werden?

Weil ihre Spielanlage zu durchsichtig ist!

59. Wieso duftet das schwarzblaue Monster jetzt viel besser?

Es verwendet jetzt bleifreies Benzin zum Duschen!

Wer kommt denn da daher?

Das kleinere von zwei Übeln!

60. Was benützen die kleinen Gespenster in der Schule?

Einen Spukzettel!

61. Wie kannst du ein gelbgraues Monster von seiner Zwillingsschwester unterscheiden?

Ganz einfach. Die Schwester trägt einen Vollbart!

62. Was bekommst du, wenn du einen Dinosaurier mit einem Känguru kreuzt?

Platt gesprungene Australier!

63. Was ist schwarzgrau, klein und dreht sich auf der Wiese im Kreis?

Ein Maulwurf beim Hammerwerfen!

64. Wie kannst du am schnellsten erkennen, wie alt ein grünrotes Monster geworden ist?

Du zählst einfach schnell die Kerzen auf der Geburtstagstorte!

65. Wieso ging das schwarzrote Monster nur mit seinem Wärter in die Disco?

Es hatte Angst, es würde im Gewühl verloren gehen!

66. Was bestellte der Kannibale im feinen und teuren Restaurant für Feinschmecker?

Den Ober zu sich an den Tisch!

67. Was sagte der Kannibale zum Missionar?

„Bleiben Sie doch zum Essen!"

68. Was ist ein Kannibale, der eine ganze Busladung japanischer Touristen verspeist hat?

Satt!

69. Woran erkennst du, dass der Monsteraffe King Kong bei dir im Bett liegt?

An den zwei Ks, die in seinen Pyjama eingestickt sind!

70. Wie lang ist das gelbrote Monster?

Bis es satt ist! (Aua!)

Spiel mit Worten
und Buchstaben

Die Lösungen zu diesem Kapitel findest du ab Seite 61.

Als es noch kein Fernsehen gab, mussten die Menschen miteinander reden. Aus dieser Zeit stammen die Scherzfragen, in denen mit Worten und Buchstaben gespielt wird.

Beginnen wir mit den einfachen Scherzfragen, in denen Buchstaben gesucht oder vertauscht werden. Dabei täuscht die Frage immer vor, nach etwas anderem als eben nach dem Buchstaben zu fragen: *Der Adam hat es vorn, die Eva hinten? Was ist das?*

Das a

Noch ein Beispiel: *Welcher Teil von London ist auch in Frankreich?* Der Buchstabe n.

Alles klar? Dann mal los:

1. Was ist beim Riesen groß und beim Zwerg klein?

2. Womit fangen Zahnschmerzen an?

3. Was haben eine Insel und das S gemeinsam?

4. Wem verdanken Sonne und Sterne ihren Anfang?

5. Womit fängt der Tag an und hört die Nacht auf?

6. Was ist bei der Maus groß und beim Kamel klein?

7. Wieso ist der Buchstabe a wie 12 Uhr mittags?

8. Welche Stadt hat das Ende in der Mitte?

9. Welcher ist der langsamste Buchstabe?

10. Wieso ist der Buchstabe B wie Feuer?

11. Wenn Hans von A nach B fährt, wie schreibt man das mit drei Buchstaben?

12. Mit welchen fünf Buchstaben wird aus einem Kind ein Erwachsener?

Was können wir hier beobachten?

Die R-Ziehung des Kindes!

Schwieriger ist dann schon das Spiel mit Buchstaben, wenn durch Verändern, Wegnehmen oder Zufügen von Buchstaben neue Wörter mit neuem Sinn entstehen.

Beispiel: *Mond – Mund, Katze – Tatze oder Band – Rand – Hand – Sand – Wand – Tand ...*

13. Wieso darf das Qu in der Hütte auf dem Berg keine Rast machen?

14. Das Ganze ist ein Wort für Fleisch. Wenn man ihm den ersten Buchstaben wegnimmt, ist es auch Fleisch! Tja, was ist das?

15. Mit G als alter Mann bekannt,
    Kopf weg, isst man's in Stadt und Land;
    Kopf weg, kühlt's dich im Sonnenbrand.

16. Du siehst mich stets beim Elefant,
    dazu ein B: Stadt im belgischen Brabant!

17. Mit u macht es die Pferde toll,
    mit a ist es reich an Woll'
    mit i ist es sternenvoll.

18. Mit L verwendet's der Zimmermann,
    mit M liegt's vor der Tür,
    mit W wird es beim Arzt gebraucht
    und mit R wird es ein garstig Tier.

19. Mit B ist's dein Kusinelein,
    mit V stellst Blumen du hinein,
    mit N ist's im Gesicht,
    mit H ein gut' Gericht.

20. Füg einem Planeten am Kopf einen Buch-
    staben an,
    eine Schar von Tieren erscheinet alsdann!

21. Nimm einen Selbstlaut und einen Him-
    melskörper dazu
    und fertig hast du ein Fest im Nu.

Was passiert hier Aufregendes?

Andrea läßt sich kein X für ein U vormachen!

22. Ich bin ein viel genannter Strauch
    der Frühlingszeit; du kennst mich auch.
    Nimm mir den Kopf – und laut und leis
    sang mancher sie zu meinem Preis.

23. Mit e sind wir neun Brüder,
    mit u wirft es uns nieder!

24. Ein Fisch wird aus dem Tier,
    das raubt und lauscht,
    wenn man im Namen u mit a vertauscht!

25. Mit a aus hartem Eisen,
    dien ich zum Beißen!
    Mit u leb ich in einer Höhle,
    nicht weit von der Kehle.

26. Rat wenn du's kannst:
    Fünf Zeichen machen dir einen Wanst
    und die letzten vier auch!

Beliebt sind auch die Scherzfragen, bei denen
nach Worten gesucht wird, die gleich klingen
und gleich geschrieben werden. Dabei haben
diese Worte aber jeweils eine andere Bedeutung.
    Beispiel: Der *Strauß* Blumen und der Vogel
Strauß.

27. Gefürchtet ist, wer's auf den Zähnen hat,
    wer's in der Suppe findet, hat sie satt!

Wer ist denn das?

Jennys Freund ist ein echter An-Geber!

28. Ein jeder hat's,
    im Grabe ruht's,
    der Herr befiehlt's,
    der Kutscher tut's.

29. Obwohl du es trittst mit deinen Füßen,
    hilft es dir beim Heilen!

30. Welcher Vogel ist es, den, so laut er girrt,
    doch ein Gleichgesinnter schwerlich hören
    wird?

31. Der Bauer hat einen,
    der König hat einen,
    der Mond hat ihn manchmal auch.

32. Es tun's der Mond und auch die Sterne,
    das Eis, der Teig, das Herz voll Wärme,
    die Tür, die Blume und die Naht,
    die Knospe und auch stets die Saat.

33. Was bewegt man um Fische zu fangen
    und um in die Stube zu gelangen?

34. Der Hungrige freut sich, steht's dampfend
    vor ihm,
    ein jeder hat Angst, steht er klagend vor
    ihm.

35. Ein wildes Tier zerreißt damit die Beute –
    doch friedlich blinkt es auf dem Rasen
    heute.

36. Mit jedem Schuh kannst du es kaufen,
    im Treppenhaus dient's zum Verschnau-
    fen.

37. Du trägst es bei dir im Mantel oder in der
    Tasche, doch musst du es vertauschen,
    wenn dein Tier danach verlangt!

38. Ohne kann ein Wagen nicht fahren,
    fürs Pferd ist es sehr unangenehm.

Besonders beliebt sind Scherzfragen mit den
sogenannten Palindromen. Das sind Worte, die
man vorwärts und rückwärts lesen kann und
die den gleichen oder einen anderen Sinn erge-
ben.
Beispiele:
Lage – egal oder Regen – Neger.

39. Stets werd' ich sein, stets bin ich gewesen!
    Du kannst mich vor- oder rückwärts
    lesen.

40. Ein Mann, der genug gearbeitet hat.
    Kehrst du ihn um, bleibt er sich gleich.

41. Vorwärts Trauer über Trauer,
    rückwärts Glück, doch ohne Dauer.

42. Welches tierische Fortbewegungsmittel
    sieht von vorn und von hinten gleich aus?

43. Es liegt herum, doch nicht umher,
    rückwärts gelesen täuscht es sehr.

44. Von vorn und hint' gelesen,
    bin ich ein schnelles Wesen!

45. Ein Pflänzchen ist's, erzeugt den Wein,
    doch umgekehrt wird es zum Schwein!

Was soll denn das?

Der junge Mann hat ein B-R-ETT vor dem Kopf!

46. Dem lieben Vieh dien ich zur Weide
    und der lieben Erde zum Kleide.
    Kehrst du mich um, so werde
    ich hinabgelassen in die Erde.

47. Von vorne und von hinten bin ich unverän-
    dert und kehre täglich zweimal seit ewigen
    Zeiten im Meer wieder.

48. Wer hilft vorwärts und rückwärts aus Not
    und Gefahr?

Bei der Scharade muss das gesuchte Wort aus seinen einzelnen Silben und Wortteilen zusammengesetzt werden. Dabei sollen diese Teile jeweils eine eigene Bedeutung haben.
Zum Beispiel:
Viel und leicht wird zusammen vielleicht.
Aus Wein und Glas wird das Weinglas.

49. Die Erste frisst,
    der Zweite isst,
    das Dritte wird gefressen,
    das Ganze wird gegessen.

50. Getrennt – mir heilig,
    vereint abscheulich!

51. Vers bin ich zur Hälfte, zur Hälfte Tand;
    errätst du mein Ganzes, so hast du Verstand.

52. Kommt dir ein Hebevogel in den Sinn,
    von welchem ich das Ende bin?

53. Mein Erstes ist das Zweite,
    mein Zweites ist das Erste.
    Das Ganze ist jeder Teil,
    jeder Teil ist das Ganze.

54. Wie heißt der Mann,
    wenn er verschwindet,
    nur ein Fisch sich findet?

55. Meine erste Silbe ist genau wie die zweite.
    Wer in mir ist, sehnt sich hinaus in die
    Weite.

56. Mein Zweites folgt dem Ersten stets
    nach mancher heißen Schlacht.
    Mein Ganzes ist ein Sagenheld,
    der viel Wundersames hat vollbracht.

57. Das Erste kann sehr lärmen,
    das Zweite kann gut wärmen,
    das Ganze zittert
    bei jedem Ton erschüttert.

58. Das Erste ist ein Hund.
    Das Zweite ist ein Junge.
    Das Ganze ist schlimmer
    als ein Hundejunge!

59. Was ist das: tierischer Körperteil + Behäl-
    ter = Unangenehmes für den Hund?

60. In den Letzten ruhen die Ersten!
    Und das Ganze senkt die Ersten
    schweigend in die beiden Letzten.

61. Ein Schmerz, ein Ausruf, ein ewig' Nein,
    wird stets der Grund von aller Freund-
    schaft sein.

62. Mein Erstes ist nicht schmutzig,
mein Zweites ist nicht rund.
Mein Ganzes ist ein schlaues Tier,
weit schlauer als ein Hund.

63. Das Erste ist weiß, das Zweite ist weiß.
Das Ganze ist auch weiß! Wie heiß ich?

64. Was bekommst du, wenn aus einem Dreieck ein Ei herausfällt?

65. Das Erste ist rund,
das Zweite ein Hund.
Das Ganze ein Fisch,
kommt gerollt auf den Tisch.

66. In das Herz des größten Weltbewegers
setze du hinein
und es wird als der größte Leidensüber-
winder bezeichnet sein.

Lösungen

1. Das R

2. Mit Z

3. Beide sind mitten im Wasser.

4. Dem S

5. Mit dem Buchstaben T

6. Das M

7. Weil er in der Mitte vom Tag ist!

8. Lo – nd – on

9. Das W. Es macht aus Eile Weile.

10. Weil es aus Rennen Brennen macht.

11. d – a – s

12. A-L-T-E-R

13. Weil sonst aus der Almhütte eine Qualm-hütte wird!

14. Rauchfleisch = auch Fleisch

15. G – R – EIS

16. Rüssel – Brüssel

17. Hummel – Hammel – Himmel

18. Latte – Matte – Watte – Ratte

19. Base – Vase – Nase – Hase

20. Herde – Erde

21. O – Stern = Ostern

22. Flieder – Lieder

23. Kegel – Kugel

24. Luchs – Lachs

25. Zange – Zunge

26. Bauch – auch

27. Haare

28. Vorfahren – vorfahren

29. Pflaster

30. Die Taube – der Taube

31. Ein Hof

32. aufgehen

33. Die Angel – die (Tür-)Angel

34. Das Gericht

35. Löwenzahn

36. Absatz

37. Kleiderfutter – Tierfutter

38. Die Bremse

39. Stets – stets

40. Rentner – Rentner

41. Beileid – die Lieb

42. Reittier – Reittier

43. Gurt – Trug

44. Renner – Renner

45. Rebe – Eber

46. Gras – Sarg

47. Ebbe – Ebbe

48. Retter – Retter

49. Sau – er – Kraut = Sauerkraut

50. Mein – Eid = Meineid

51. Vers – Tand = Verstand

52. Kran – ich = Kranich

53. Bruch – Stück = Bruchstück

54. Fischer weniger er = Fisch

55. Ker – Ker = Kerker

56. Sieg – Fried = Siegfried

57 Trommel – Fell = Trommelfell

58. Spitz – Bube = Spitzbube

59. Maul – Korb = Maulkorb

60. Toten – Gräber = Totengräber

61. Harm – O – nie = Harmonie

62. Rein – Ecke = Reinecke (Fuchs)

63. Ei – weiß = Eiweiß

64. Dreieck weniger Ei = Dreck

65. Roll – Mops = Rollmops

66. Geld + du = Geduld

Bildhaft
scherzgefragt

Die Lösungen zu diesem Kapitel findest du ab Seite 72.

Was soll denn das da bedeuten?

$$\frac{\text{RICHT}}{\text{DEUTSCH}}$$

Richtig! Das heißt DEUTSCH-unter-RICHT also zusammen DEUTSCHUNTERRICHT!
Die Scherzfragen in diesem Kapitel sind also kleine Bilderrätsel.

1. Beginnen wir mit einem einfachen, kleinen und netten Scherzbild. Wer oder was ist denn das?

R R R

2. Auch das ist nicht sehr schwer:

Tt

3. Schwieriger ist da schon dieses Buch-stabenrätsel:

denkliche e Tt

So, jetzt ist wohl alles klar.

4. Welcher Beruf
   wird hier ge-
   sucht?

5. Was sind denn das
   da für Tiere?

6.

7. bar ein

8. Um welche Eigen-
   schaft handelt es
   sich hier?

9. Welche sport-
   liche Sache soll
   das wohl sein?

Jetzt wird wieder flott gescherzbuchstaben-
rätselt:

10.

11.

Der
───
Mut

12.

13. Hdball

14. Bhof

15. $\dfrac{\text{bunt}}{\text{k}}$

16. Was macht Oma?

Oma   nimmt
**   was**
legt   sie

17. 4 L M N T

18. Diese vier Buchstaben werden nie müde!

N R G I

19. Welche Botschaft hat Detlev da erhalten?

8   Komm   9!

20. Wer liegt denn da?

21. Und wer soll das da sein?

giebige e Tt

**22. Eine unge-
    wöhnliche
    Waffe!**

23. Was will uns dieser nette Polizist sagen?

Lösungen

1. Dreimal R = Drei Maler

2. T-an-t = Tante

3. ein-e-nach-denkliche T-an-t = eine nach-denkliche Tante

4. K-auf-Mann = Kaufmann

5. P-in-G-u-in-E = Pinguine

6. 3-st = Dreist

7. ein-nach-bar = ein Nachbar

8. D-um-heit = Dummheit

9. 8-r-mit-Steuermann = Achter mit Steuermann

10. Tannen-2-G = Tannenzweige

11. Der-über-mut = Der Übermut

12. Z-an-G = Zange

13. Ein H-an-d-ball = Handball

14. B-an-hof = Bahnhof

15. k-unter-bunt = kunterbunt

16. Oma-über-legt was sie-unter-nimmt = Oma überlegt, was sie unternimmt.

17. el-eM-eN-Te = die vier Elemente, also Feuer, Wasser, Luft und Erde!

18. Das liest sich EN-ER-G-IE, also Energie!

19. Die Botschaft lautet: „Komm zwischen 8 und 9!"

20. Zwei F-liegen = zwei Fliegen

21. ein-e-nach-giebige T-an-t = eine nachgiebige Tante

22. Ein L-Bogen = ein Ellbogen

23. Acht-e-auf-G-fahren = Achte auf Gefahren!

Heiteres
Beruferaten

Die Lösungen zu diesem Kapitel findest du ab Seite 82.

Die Scherzfragen in diesem Kapitel werfen ein
besonderes Licht auf den Menschen bei der
Arbeit.

Was kannst du daraus lernen?

Jawohl – Arbeit kann so richtig Spaß machen, wenn nur die richtigen Scherzfragen gestellt werden!

1. Wer hat nichts dagegen, wenn er jeden Tag
   brotlos wird?

2. Zu welcher Jahreszeit sät der Bauer
   Flachs?

3. Metzgermeister Florian hat Schuhgröße
   45, einen Brustumfang von 132 cm und er
   ist 185 cm groß. Was wiegt er?

4. Wie kann ein Klempner wissen, wie das
   Wetter wird, ohne dass er dafür seine
   Werkzeuge benützt?

5. Wenn ein Mathelehrer mit drei Schülern
   in einer Klasse sitzt und dann sechs
   Schüler den Raum verlassen, was denkt er
   sich dann?

6. Wieso können die Philosophen nicht
   schwimmen?

Was ist Franzis neuer Freund von Beruf?

Er ist offensichtlich ein Buchhalter!

7. Wer nimmt etwas und nimmt dabei doch nichts weg?

8. Welcher Bäcker bäckt das größte Brot?

9. Wer ist besonders geschickt?

10. Wieso kam Mathelehrer Droilbühler immer so völlig zerknittert zum Unterricht?

11. Wer verdient sein Geld ohne auch nur einen Tag zu arbeiten?

12. In welchem Beruf gibt es die größten Angeber?

13. Vor wem muss selbst der Kaiser den Hut abnehmen?

14. Wer sind die ärmsten Sportler?

15. Wie kann ein Schneider die Himmelsrichtungen durcheinander bringen?

16. Wer kann, während er seinen Beruf ausübt, den Mond am Himmel nicht sehen?

17. Der Vater wiegt 85 Kilo, die Mutter wiegt 63 Kilo. Was wiegt das Kindermädchen?

18. Es gibt Leute, die tun nichts anderes als hauen und stechen und sie werden doch nicht dafür bestraft! Was sind das für Leute?

19. Was sollte ein Friseur bei seiner Arbeit tunlichst vermeiden?

20. Wieso macht der Förster deutliche Striche an die Bäume?

21. Wer kann arbeiten, bis er schwarz wird, und bekommt dafür trotzdem nicht mehr Lohn?

22. Was ist, wenn ein Konditormeister in einen Laubhaufen fällt?

23. In welchem Beruf kann man auch mal zerstreut sein?

24. Wer kann seine Arbeit in vollen Zügen genießen?

25. Wer verdient sein Geld am vornehmsten?

Wer ist denn da am Werk?

Ein Taschenrechner!

26. In welchem Beruf muss man am meisten leiden?

27. Wieso sind die Fischer nie mit ihrer Arbeit zufrieden?

28. Wer verdient in seinem Beruf am wenigsten?

29. Wie verkaufen junge Töpferinnen meistens ihre Töpfe?

30. In welchem Beruf wird schon sehr lange Energie gespart?

Lösungen

1. Natürlich der Bäcker

2. Nie. Es wird Leinsamen gesät.

3. Meistens Fleisch und Wurst

4. Er hört sich die Wettervorhersage im Radio an!

5. Wenn jetzt noch drei Schüler hereinkommen, bin ich ganz alleine!

6. Weil sie allem sofort auf den Grund gehen!

7. Der Schneider, wenn er Maß nimmt!

8. Der Bäcker, der den meisten Teig dafür nimmt!

9. Der Botenjunge!

10. Damit er sich bei seiner Arbeit besser entfalten konnte!

11. Der Nachtwächter

12. Bei den Chirurgen. Sie schneiden sehr oft auf!

13. Vor dem Friseur

14. Die Radfahrer. Die müssen sogar Luft pumpen!

15. Wenn er Westen nach Osten trägt!

16. Der Astronaut auf dem Mond

17. Das Baby

18. Bildhauer und Kupferstecher!

19. Er sollte keine Gesichter schneiden!

20. Damit er Oberkiefer und Unterkiefer besser auseinander halten kann!

21. Der Schornsteinfeger

22. Herbst!

23. In dem Beruf des Installateurs. Da darf man ruhig schon mal ein Kabel verlegen!

24. Der Zugschaffner!

25. Der Boxer. Er fasst alles mit Handschuhen an!

26. Als Briefträger. Der muss echt viel einstecken können!

27. Weil die Sache immer einen Haken hat!

28. Der Lehrer. Er ist so arm, dass er sogar Kinder versetzen muss!

29. Leer!

30. Bei der Polizei. Da tappen sie schon seit langem im Dunkeln!

Vorsicht!
Nicht reinlegen
lassen!

Die Lösungen zu diesem Kapitel findest du ab Seite 97.

Tüftler und Querdenker aufgepasst! Hier kommen die Superspaßfangfragen für fixe Knobler und Liebhaber kniffeliger Kopfnüsse!

Na ja, ehrlich gesagt, sooo schwierig sind diese Fragen auch wieder nicht. In Wahrheit sind sie sogar kinderleicht! Nur Mut!

1. Wann ist ein Familienname am abwechslungsreichsten?

2. Was hat jeder auf der Welt gesehen und doch kann es niemand je wieder sehen?

3. Wie kannst du jeden Abend zwischen 8 und 9 zu Bett gehen, auch wenn es schon zehn Uhr ist?

4. Wer ist denn die einzige Tochter der Schwiegermutter von meines Bruders Vater?

5. Was ist ein Teil des Grautiers und wird leider auch des Öfteren in Büchern vorgefunden?

6. Wie schreibt man die Zahl 78 mit vier gleichen Ziffern?

7. Wenn der kleine schwarze Pudelhund die Tochter des großen schwarzen Pudels ist,

wieso ist dann der große schwarze Pudel nicht der Vater des kleinen schwarzen Pudels?

8. Ist ein Haus eher aufgebaut oder niedergerissen?

9. Wer ist das Kind meiner Eltern, aber weder mein Bruder noch meine Schwester?

10. Wie kannst du die Zahl 1000 ohne Nullen schreiben?

Ja, wen haben wir denn da?

Klarerweise den gebergstiefelten Kater!

11. Hat man ihn, so ist er beschwerlich. Hat man ihn nicht, so ist man manchmal auch nicht zufrieden. Was kann das sein?

12. Wenn vier Männer 8 Stunden benötigen um eine Mauer zu errichten, wie viel Zeit benötigen dann 16 Männer?

13. Was hat keinen Anfang und kein Ende und doch ist etwas dazwischen?

14. In einer Schüssel liegen 5 Eier. Wie kannst du die Eier auf 5 Personen aufteilen, sodass jeder ein Ei erhält und dass doch eines in der Schüssel bleibt?

15. Wenn drei Esel unterschiedlicher Größe in einem Stall stehen, welcher von ihnen ist dann der klügste Esel?

16. Was wird kleiner, wenn du etwas dazugibst, und größer, wenn du etwas wegnimmst?

17. Welche Leute lassen andere Leute über sich und unter sich gehen und sind trotzdem gesund?

18. Was wird erst von dir genommen, ehe man es dir gibt?

19. 12 Mädchen und 13 Jungs bekommen 120 Äpfel und 130 Birnen und dazu noch 250 Pflaumen zum Verspeisen! Was bekommt jedes Kind?

20. Jeden Morgen aß der Bauer Eier zum Frühstück. Auf dem Bauernhof gab es aber keine Hühner und der Bauer kaufte auch keine Eier. Woher bekam der Bauer seine Frühstückseier?

21. Wie oft hat Otto Normalverbraucher Geburtstag?

22. Wann ist 8 und 5 gleich 1?

23. Bauer Jens hat drei Heuhaufen. Bauer Hein hat vier Heuhaufen. Wie viele Heuhaufen haben sie, wenn sie ihre Heuhaufen zusammenlegen?

24. Wie kann ein Bauer mit Sicherheit verhindern, dass die Mäuse sein Korn fressen?

25. Ist das möglich? Eines Vaters Kind, einer Mutter Kind und doch keines Menschen Sohn?

26. Kann eine Frau den einzigen Neffen des Onkels ihres Bruders heiraten?

Um welche Sagengestalten handelt es sich hier?

Das ist Siegfried und sein weniger bekannter Bruder Niederla-
gebfried!

27. Wer ist die einzige Schwiegertochter von Hansis Großmutter väterlicherseits?

28. Eine Frau hatte 5 Kinder. Genau die Hälfte dieser Kinder waren Mädchen. Wie war das möglich?

29. Auf dem Weg zum Wasserloch traf das Zebra 2 Elefanten und drei Büffel. Jeder Elefant hatte 3 Vögel auf dem Rücken und auf jedem Büffel ritten zwei Affen. Wie viele Tiere gingen zum Wasserloch?

Was ist denn mit
dem hier los?

*ER ist nicht ganz richtig
im Kopf!*

30. Wie kannst du auf einmal so viel essen, dass es bis zum nächsten Jahr reicht?

31. Welche Frage kann niemand mit „Ja" beantworten?

32. Was öffnet sich um zu teilen und teilt beim Zusammengehen?

33. Wenn auf einem festlich gedeckten Tisch neben dem Teller ein Löffel, eine Gabel, ein Messer und ein Kaffeelöffel liegen, was ist darunter das Längste?

34. Wie kannst du ein rohes Ei einen Meter hinabfallen lassen, ohne dass es zerbricht?

35. Wieso weigern sich die Einwohner von Laberberg ihren Bürgermeister zu begraben?

36. Was kannst du mal verlieren ohne gleich ärmer zu sein?

37. Wann ist man am liebsten alleine?

38. Als die Prinzessin einkaufen ging, was holte sie da umsonst?

39. Wann sind alle Menschen gleich?

40. Was kannst du nehmen oder halten ohne ein Dieb zu sein?

41. Wie kann sich ein Radfahrer selbst über den Fuß fahren?

Was bedeutet das?

*Zwei kleine b-am-T im Kreis am T
= Zwei kleine Beamte im Kreisamt!*

42. Wie kannst du aus einem Glas, in das genau 1 Viertelliter Flüssigkeit hineinpasst, genau einen Liter Cola trinken?

43. Wie kann ein Hund draußen und drinnen Haare haben?

44. Wer hat es besser, ein Minister oder der Papst?

45. Aus früherer Zeit: Es hat vorne Fleisch, hinten Fleisch und in der Mitte Holz und Eisen! Was ist das?

46. Niemand fällt so tief wie sie und doch verletzen sich diese beiden nicht! Wer ist das?

47. Wie kannst du nach vorne gucken und sehen, wie jemand hinter dir zur Tür hereinkommt?

48. Meine Schwester ist es nicht, ich bin es nicht, aber zusammen sind wir es doch! Was denn nun?

49. Wieso waren die Kinder von Hein Palin-Drom von vorne und hinten gleich?

50. Was kann nur der Taube hören und nur der Blinde sehen?

51. Welches Tier sieht dem Storch am ähnlichsten?

52. Was ist nackter als nackt, so nackt, dass es knackt?

53. Was hat große Flügel und bleibt doch stets am gleichen Ort?

54. Was gehört zu einem besonders schönen, maßgefertigten Reitstiefel?

55. Was kannst du beim Frühstücken sehen, was vor dir noch kein Mensch gesehen hat?

56. Wieso war an den Bäumen kein einziges Blatt, als der Förster durch den Wald ging?

57. Was stirbt, wenn es zu trinken bekommt?

58. Wenn du es nach unten wirfst, kommt es empor, wenn du es hochwirfst, kommt es herunter. Was ist das?

59. Was ist bei Regen wie ein Pilz, bei Sonnenschein wie ein Wanderstab?

60. Wieso kannst du keinen wilden Tiger in einem leeren Sack tragen?

61. Was kann zur gleichen Zeit gehen und hängen oder stehen und liegen?

62. Was ist die Lösung für folgende Rechnung:

    2 Polizisten
+ 1 Meisterkegler
+ 1 Zahnarzt
——————————
= ?

Lösungen

1. Wenn man jeden Tag anders heißt. Also bei der Familie Anders.

2. Den gestrigen Tag

3. Du schreibst auf die eine Seite des Bettes eine 8 und auf die andere Seite eine 9. Dann kannst du immer zwischen 8 und 9 zu Bett gehen!

4. Meine (also des Fragers) Mutter

5. Das Eselsohr

6. 77 7/7

7. Weil der große schwarze Pudel seine Mutter ist!

8. Natürlich aufgebaut, denn eher kann man es nicht niederreißen!

9. Das bin ich selbst.

10. 999 + 1

11. Der Hunger

12. Überhaupt keine Zeit. Die Mauer steht ja schon.

13. Eine Kugel

14. Ganz einfach. Eine Person nimmt ein Ei samt der Schüssel!

15. Der kleinste Esel. Die zwei anderen sind ja größere Esel!

16. Eine Grube

17. Die Leute, die in einem dreistöckigen Haus im mittleren Stockwerk wohnen!

18. Dein Foto!

19. Bauchschmerzen!

20. Von seinen Enten!

21. Auch er hat nur einmal pro Jahr Geburtstag!

22. Auf der Uhr! Wenn du zu 8 Uhr 5 Stunden hinzuzählst, hast du 1 Uhr!

23. Einen großen Heuhaufen!

24. Der Bauer schenkt den Mäusen sein Korn. Dann fressen die Mäuse nicht seines, sondern ihr eigenes Korn.

25. Die Tochter ist es!

26. Nein, denn es ist ihr Bruder!

27. Seine Mutter!

28. Alle fünf Kinder waren Mädchen!

29. Nur das Zebra. Die anderen Tiere kamen ja gerade vom Wasserloch!

30. Wenn du am 31. Dezember ordentlich reinhaust!

31. „Schläfst du schon?"

32. Die Schere

33. Das Tischtuch

34. Du lässt es aus 2 Meter Höhe fallen, dann ist es nach 1 Meter immer noch heil!

35. Weil der Bürgermeister noch nicht gestorben ist!

36. Das Bewusstsein!

37. Bei einer Erbschaft ist man lieber allein.

38. Atem!

39. Wenn sie verschieden sind!

40. Abstand!

41. Mit der Hand!

42. Indem du einfach mehrmals nachgießt!

43. Der Hund steckt seinen Kopf aus der Hundehütte heraus!

44. Der Minister hat es besser, denn er hat einen Sessel, während der Papst nur einen Stuhl hat!

45. Ein Ochse, der einen Pflug zieht, hinter dem ein Bauer geht.

46. Schnee und Regen!

47. Im Spiegel!

48. Geschwister!

49. Weil sie Anna und Otto hießen.

50. Nichts

51. Die Störchin

52. Ein Skelett

53. Die Windmühle

54. Der zweite Stiefel

55. Das Innere von deinem Frühstücksei

56. Es war ein Tannen- und Kiefernwald.

57. Das Feuer

58. Das ist ein einfacher Ball.

59. Der Schirm

60. Weil dann der Sack nicht mehr leer ist!

61. Eine Uhr

62. Ein Polizist gibt Acht. Also geben 2 Polizi-
    sten 16. Der Meisterkegler schafft alle
    Neune. Macht zusammen 25. Der Zahn-
    arzt zieht die Wurzel davon. Also ist das
    Ergebnis 5!

Fragen aus Kalau und Umgebung

Die Lösungen zu diesem Kapitel findest du ab Seite 115.

Viele Scherzfragen sind richtige Kalauer, bei denen witzigerweise etwas buchstäblich oder wörtlich genommen wird. Ein gutes Beispiel ist dieser Kalauer: Welchen Sinn benutzt du beim Lösen der Scherzfragen am meisten? Den Schwachsinn natürlich!

Alles kalauar?

1. Welche Kunden werden nie bedient?

2. Welcher Himmelserscheinung ist alles egal?

3. Welcher Satz besteht nur aus einem Wort?

4. Wann darf ein Bauer lügen?

5. Welche Krötenart gerät leicht auf die schiefe Bahn?

6. Was macht den Schmerz so unangenehm?

7. Was steht hinter dem Bundeskanzler?

8. Was wird kürzer, wenn du es verlängerst?

9. Welcher Hund bewacht kein Haus?

10. Gibt es Blumen, die nie duften?

11. Auf welchen Rücken befinden sich nie Reiter?

12. Welche Nation hat keine Bürger?

13. Welcher Fall tut selten weh?

14. Mit welchem Garn ist schlecht nähen?

15. Welche Krone kann sich kein Kaiser aufsetzen?

Wer sind denn diese beiden Typen?

Offensichtlich ist Uwe ein Freund, auf dem man zählen kann!
Das sind Jens und Uwe.

16. Welcher Boss ist doch kein Chef?

17. Welches Wort kann schneller buchstabiert werden, wenn du noch eine Silbe anhängst?

18. Wo gibt es eine Fee, die über keine Zauberkräfte verfügt?

19. Welches Fass ist aus Glas?

20. Welcher Abend beginnt schon am Morgen?

21. Auf welche Berge freut sich ein müder Wanderer?

22. Welcher Sinn macht gar keinen Sinn?

23. Welcher Peter ist am lautesten?

24. Welche Rosen haben keine Dornen?

25. Welcher Vogel trägt einen Rucksack?

26. Wer ist der traurigste aller Vögel?

27. Welcher Stiel trägt nie eine Blüte?

28. Mit welchem Stoff kann kein Kleidungsstück genäht werden?

29. In welchen Kleidungsstücken geht die Sonne unter?

30. Welche Frucht kannst du das ganze Jahr über sofort frisch bekommen?

31. Mit was für einem Netz kannst du nicht fischen?

32. Welche Krone trägt kein Herrscher?

33. Welcher Kreis ist nicht rund?

34. Mit welcher Gabel wird nicht gegessen?

35. Welcher Hahn kann nicht krähen?

36. Welcher Wolf ist völlig ungefährlich?

37. Wo gibt es den besten Radi (Rettich)?

38. Wo gibt es den meisten Urlaub?

39. Welcher Stall ist durchsichtig?

40. Welcher Fluss hat keine Ufer?

41. Mit welchem Pinsel kannst du nicht malen?

42. Welcher Vogel trägt kein Federkleid?

Was macht denn der gute Hein Dösskopp hier?

Er versucht mit Fersengeld zu zahlen!

43. Was ist die ungünstigste aller Lagen?

44. Welche Biere werden nicht ausgeschenkt?

45. Welche Enten sind gelegentlich wissbegierig?

46. Welche Gebildete sind doch Narren?

47. Welche Pilze kannst du nirgendwo im Wald pflücken?

Was ist denn hier los?

Hein hat die Nase gestrichen voll! Aber echt!

48. Welcher Baum bewegt sich hurtig fort?

49. Welches Musikinstrument hat gleich vier in sich?

50. Welche Kuh ist nicht wasserscheu?

51. Welcher Bock frisst kein Gras?

52. Welcher Bus kommt ohne Fahrer aus?

53. Wer ist nur dem Namen nach die nächste Verwandte eines Majors?

54. Auf welchem anderen Po können Kinder auch sitzen?

55. Mit welcher Kehle kannst du nicht singen?

56. Welche Insel ist nicht von Wasser umgeben?

57. Welche Messer sind nicht zum Schneiden?

58. Welcher Laden hat keine Türe?

59. Welche Mutter hat kein Kind?

60. Welche Zahl ist für den Fußballspieler wichtig?

61. Welcher Hase hat keine Löffelohren?

62. Welches Pferd kann nicht geritten werden?

63. Welcher Stein kann rauchen?

64. Welche Wurst kann eine Wurst essen?

65. In welchem Fall ist 27 mal 5 gleich 28 437 563?

66. Welches Spiel kannst du geben oder nehmen?

67. Mit welchem Stock ist schlecht wandern?

68. Welche Taschen können sprechen?

69. In welchem Gang sollte man sich nicht zu lange aufhalten?

70. Welcher ist der kälteste Vogel?

71. Welches Zeugnis kannst du schon am ersten Schultag bekommen?

72. Welchen Satz kannst du nicht aussprechen?

73. Welcher Spiegel dient nicht der Schönheit?

74. In welchem Land ist es ziemlich beengt?

75. Welche Birnen sind nicht sehr bekömmlich?

76. Welcher Schuh drückt am schlimmsten?

77. Welcher Fall tut nicht weh?

78. Welcher Stuhl hat keine Beine?

79. Welche Bilder kannst du am besten bei Nacht und ohne Licht sehen?

80. Mit welchem Fluss kannst du am besten leben?

81. Welche Pferde haben nur zwei Beine?

82. Wieso kann der Vogel im Baum nicht auswendig singen?

83. Welcher Vogel kommt nie auf einen grünen Zweig?

84. Was ist das ungerechteste Urteil?

Oh nein! Was passiert hier?

Der junge Dotibieler gerät auf die schiefe Bahn!

85. Welcher Spieler verliert nicht viel?

86. Was ist in Bayern das Gegenteil von Magnet?

87. In welchen Adern fließt kein Blut?

88. Was hast du mit einer Stecknadel gemeinsam?

89. Welcher Schläger tut nicht weh?

90. Wer ist der schwerste Chef?

91. Welcher Zug hat keinen Fahrgast?

92. In welchen Bauch geht besonders viel rein?

93. Wann sind Durst und Hunger empfehlenswert?

94. Welcher Wurm kann sprechen?

95. Zu welcher Zeit setzen sich die meisten Menschen auf ihren Hosenboden?

96. Welches Schloss kann sich jedermann leisten?

Lösungen

1. Die Sekunden

2. Der Sternschnuppe

3. Absatz

4. Wenn ein pf davorsteht, dann darf er pflügen

5. Die Halunken

6. Das m, sonst wäre er nämlich ein Scherz!

7. Das Fragezeichen!

8. Das Wort kurz wird zu kürzer und dadurch
   länger!

9. Der Seehund

10. Ja, die Eisblumen

11. Auf den Perücken!

12. Die Kombination

13. Der Einfall

14. Mit Ungarn

15. Die Baumkrone

16. Der Amboss

17. schnell + er = schneller

18. Im Kaffee

19. Das Tintenfass

20. Der Sonnabend

21. Auf die Herberge

22. Der Unsinn

23. Der Trompeter

24. Die Matrosen

25. Der Wandervogel

26. Der Pechvogel

27. Der Besenstiel

28. Der Gesprächsstoff

29. In den Westen

30. Die Ohrfeige

31. Mit dem Stromnetz

32. Die Wellenkrone

33. Der Blutkreislauf

34. Mit der Astgabel

35. Der Wasserhahn

36. Der Fleischwolf

37. Im Paradies

38. Im Urwald

39. Der Kristall

40. Der Überfluss

41. Mit dem Einfaltspinsel

42. Mit dem Spaßvogel

43. Die Niederlage

44. Die Barbiere

45. Die Studenten

46. Die Eingebildeten

47. Die Glückspilze

48. Der Purzelbaum

49. Das Klavier

50. Die Seekuh

51. Der Sägebock

52. Der Globus

53. Die Majonäse!

54. Auf dem Pony

55. Mit der Kniekehle

56. Die Verkehrsinsel

57. Die Landvermesser

58. Der Fensterladen

59. Die Schraubenmutter

60. Die Anzahl der Tore

61. Der Angsthase

62. Das Seepferdchen

63. Der Schornstein

64. Der Hanswurst

65. In keinem Fall!

66. Das Beispiel

67. Mit einem Blumenstock

68. Die Plaudertaschen

69. Im Müßiggang

70. Der Zeisig, der ist hinten eisig!

71. Das Armutszeugnis

72. Der Kaffeesatz

73. Der Meeresspiegel

74. In England

75. Die Glühbirnen

76. Der Hemmschuh

77. Der Beifall

78. Der Dachstuhl

79. Die Sternbilder

80. Mit dem Überfluss

81. Die Steckenpferde

82. Weil er vom Blatt singt!

83. Der Galgenvogel

84. Das Vorurteil

85. Der Klavierspieler

86. Mag schon!

87. In den Erzadern!

88. Den Kopf

89. Der Schaumschläger

90. Der Amboss

91. Der Durchzug

92. In den Schiffsbauch.

93. Wenn es sich um Wissensdurst und Bildungshunger handelt.

94. Der Bücherwurm

95. Zu den Mahlzeiten

96. Ein Luftschloss

Des Drudels
Bedeutung

„Ich weiß nicht, was soll es bedeuten!", sang einst die Loreley. War sie eine Drudlerin? Möglich!

Wichtig ist hier aber einzig und allein die Antwort auf folgende Scherzfrage: Was sollen diese Drudel bedeuten?

Jawohl, sie bedeuten genau das, was als Antwort neben jedem Drudel beigefügt ist! Aber erst selbst raten und dann nachgucken! Alles klar?

1.

Wanderlustiger i-Punkt eines Is begibt sich auf Wanderschaft.

2.

Was vom Schneemann übrig blieb.

3.

Blick auf das Gebirge durch ein Ofenrohr.

4.

*Orange
im Bikini.*

5.

*Von oben gesehene Äcker-
furchen, nachdem sich Traktor des Bauern Bremsen
und Lenkung versagten.*

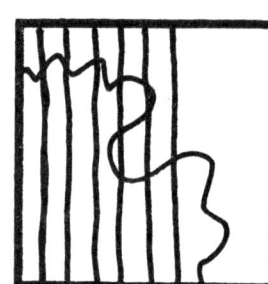

6.

*Zwerg, der sich hinter
einem Ball versteckt.*

7.

*Schmollende
Elefanten.*

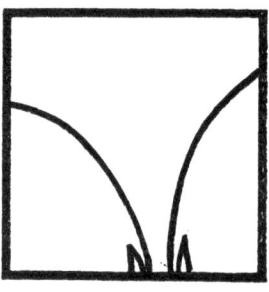

8.

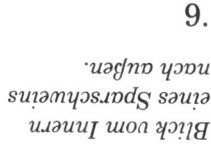

Schottische
Leiter.

9.

Blick vom Innern
eines Sparschweins
nach außen.

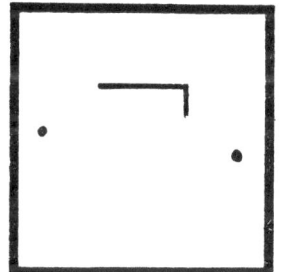

10.

Ostfriesisches Labyrinth
mit Ausgangs- und
Endpunkt.

11.

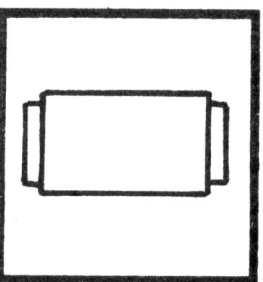

Sorgfältig gebügelte
Ziehharmonika.

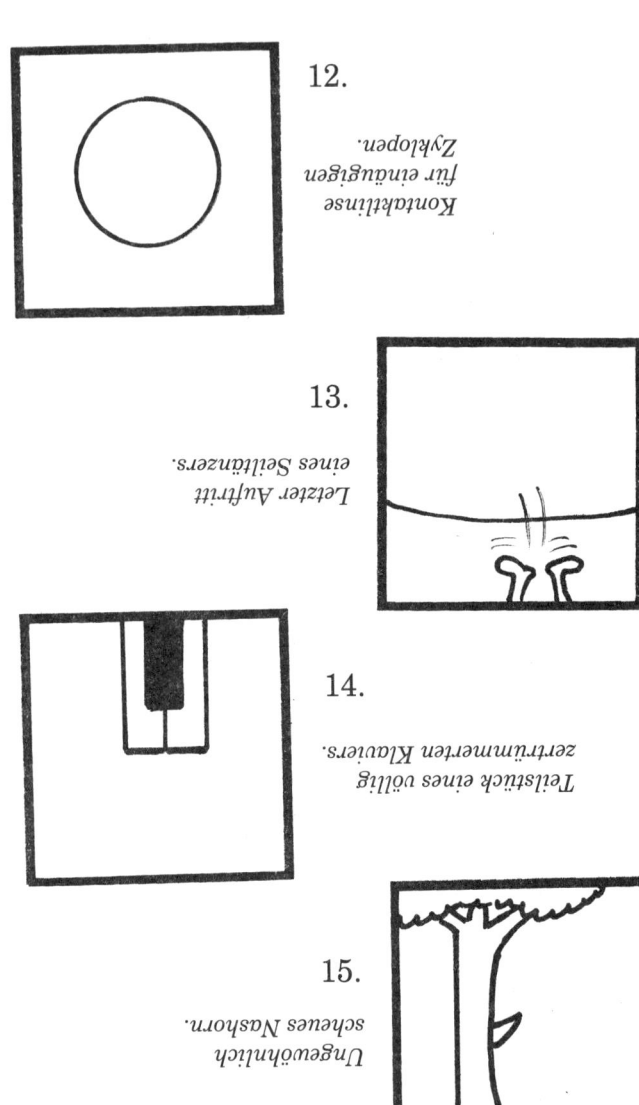

12.

Kontaktlinse
für einäugigen
Zyklopen.

13.

Letzter Auftritt
eines Seiltänzers.

14.

Teilstück eines völlig
zertrümmerten Klaviers.

15.

Ungewöhnlich
scheues Nashorn.

Scherzkeksiges
aus Tier-
und Umwelt

Die Lösungen zu diesem Kapitel findest du ab
Seite 141.

Sieh dich doch nur um! Überall in Umwelt und Natur wimmelt es geradezu von Scherzfragen. Weißt du etwa, wieso der Vogel Strauß seinen Kopf in den Sand steckt?

Weil er ertrinken würde, wenn er ihn ins Wasser stecken würde!

Die Tiere sind ja oft bessere Scherzbolde als wir Menschen. Denken wir nur an das Huhn, das allgemein als das praktischste aller Tiere gilt. Wieso? Weil es Eier legt, die ganz genau in die Eierbecher hineinpassen!

Wer Scherzkeksiges finden will, muss also nur einfach die Augen aufmachen!

1. Wieso bekam das Schwein nichts zum Geburtstag?

2. Welches Tier war nicht in der Arche Noah und lebt trotzdem auch heute noch auf der ganzen Welt?

3. Wie sagen sich die Bienen: „Alles Gute zum Geburtstag!"?

4. Wann fliegen die Zugvögel nach Süden?

5. Was macht der Storch, wenn er auf einem Bein steht?

6. Was ist ein Goldfisch?

7. Wie bleibt ein Hühnchen am besten frisch?

8. Wieso macht der Hahn beim Krähen die Augen zu?

9. Welches Tier geht im Mantel spazieren?

10. Welches Tier kann höher springen als das Ulmer Münster?

11. Wer bin ich? Nur ich selbst kann über mich sprechen!

12. Was hört alles und sagt nichts?

13. Was ist die höchste Brücke der Welt?

14. Mit welchem Nagel kannst du kein Brett festmachen?

15. Welcher Hase schmeckt bestimmt nicht gut?

16. Welches Laub wird immer weniger, wenn man es erst einmal hat?

17. Wie viele Beine haben sieben große und drei kleine Rehe?

18. Welche Vögel, die selbst aus Eiern schlüpfen, legen selbst keine Eier?

Ist wohl klar, was Herbert da macht, oder?

Endlich läßt er die Katze aus dem Sack!

19. Es sieht aus wie eine Katze, es miaut wie eine Katze und ist doch keine Katze! Was ist das für ein Tier?

20. Wer kann ohne Hände schlagen?

21. Wie lang ist der längste Fluss der Welt?

22. Was hat Blätter und ist weder Baum noch Strauch?

23. Was geht über das Wasser und steht dabei völlig ruhig?

24. Nur mein Blut lieben die Menschen, mein Fleisch gilt ihnen wenig. Was ist das?

25. Was ist noch grün und kann doch gut brennen?

26. Welches Tier ist am eitelsten?

27. Was geht ständig um den Baum herum und wird doch nicht müde?

28. Was hat viele Zähne und keinen Mund?

29. Wieso sehen Katzen nach rechts und dann nach links, wenn sie in ein Zimmer kommen?

Was passiert hier?

Ein Obstwurm sattelt um auf Bücherwurm!

30. Was ist der Hauptverwendungszweck von Kuhhaut?

31. Unter was für einem Busch sitzt ein australisches Känguru, wenn es regnet?

32. Wieso hat ein ostfriesischer Stuhl zwölf Beine?

33. Was hat mehr Beine: ein Pferd oder kein Pferd?

34. Wieso darf ein Pferd nicht Schneider werden?

35. Was macht ein Elefant auf der Autobahn?

36. Wieso ist der Kopfsalat das netteste Gemüse?

37. Wieso flog der Steinadler über den Berggipfel?

38. Was wird ein Kalb, wenn es 2 Jahre alt ist?

39. Was hat zwölf Beine und fliegt durch die Luft?

40. Was ist voller Löcher und kann trotzdem Wasser speichern?

41. Stimmt es, dass Hühner schneller einen Zentner Weizen fressen können als Esel?

42. Welches Kind hat schon bei der Geburt einen Schnurrbart?

43. Welches Tier frisst am wenigsten?

44. Was hängt gelegentlich über Berlin und fängt mit J an?

45. Was ist der seltsamste Teil des Menschen?

46. In was für ein Haus gehen die Menschen nur, um durchzugehen?

47. Was ist schlimmer als ein Stinktier in einer Parfümfabrik?

48. Wieso entschuldigt sich eine Giraffe so selten?

49. Wieso fliegen eigentlich die Zugvögel im Winter in den Süden?

50. Welcher Vogel lebt nur von Wind und Wetter und hat ein Federkleid, das härter noch als Stein ist?

51. Was für Augen hat ein schwarzer Kater mit einem weißen Fleck auf der Stirn?

Was passiert denn da mit Heinz-Uwe?

Zuerst wurde ihm ein Bär aufgebunden und jetzt wird ihm Honig ums Maul geschmiert!

52. Wie kommt ein junger Rabe nach Australien?

53. Was ist ein Nilpferd, das einen kleinen Elefanten fünf Kilometer durch die Wüste trägt?

54. Wie sagst du „Hallöchen!" zu einem sibirischen Tiger?

55. Was ist das stärkste Getränk?

56. Was ist das witzigste aller Tiere?

57. Wieso kannst du einem Krokodil alles erzählen?

58. Was ist ein Katzenmensch?

59. Wieso wedeln die Hunde mit ihrem Schwanz?

60. Welches Kraut wächst am besten?

61. Wer kommt schon grauhaarig auf die Welt?

62. Was solltest du tun, wenn ein bösartiger Wolf seinen Führerschein macht?

63. Wie schreibt man „Mausefalle" mit fünf Buchstaben?

64. Was ist etwa 2,5 Meter groß, hat 14 Beine und erschreckt eine Räuberbande?

65. Welche Flüssigkeit kann nicht gefrieren?

66. Wieso stellt die Post keine Schildkröten als Briefträger ein?

67. Was macht „Quak! Quik! Quak!"?

68. Was machten die Katzen auf der großen Katzen-Party?

69. Was geht häufig zu Grund und bleibt doch gesund?

70. Wieso lassen sich Fledermäuse tagsüber hängen?

71. Was ist grau, fiept leise und wiegt fünf Kilo?

Was macht Irmi hier mit ihrem Freund?

Sie zeigt ihm einen Vogel!

72. Stimmt es, dass es Unglück bringt, wenn dir eine schwarze Katze über den Weg läuft?

73. Welcher Esel schrie so laut, dass es alle Menschen hörten?

74. Wann ist der Gänserich eine Gans?

75. Ist es nicht unglaublich, wie die Zugvögel jedes Jahr den Weg nach Süden ohne Kompass und Landkarte finden?

76. Was hängt an der Wand und hält ohne Nagel und Band?

77. Welcher Esel schreit nicht iah?

78. Was ist das? Es macht ganz leise „Tap-Tap-Tap-Pfft" und dann wieder „Tap-Tap-Tap-Pfft"?

79. Was wünschte sich der Tausendfüßler zum Geburtstag?

80. Welche Worte hört ein Hai am liebsten?

81. Aus welchem Land kommen die meisten Singvögel?

82. Welche Muschel schmeckt auch gekocht nicht besonders delikat?

83. Welcher Hund ist am glücklichsten?

84. Was sind die ungefährlichsten Raubtiere?

85. Wieso haben Pferde so oft feuchte Beine?

86. Welcher ist der dreckigste Vogel?

87. Wie heißt ist der lustigste Vogel?

88. Welches Tier arbeitet für die Geheimpolizei?

89. Welches Tier hat das beste Fernsehprogramm?

90. Was ist ein „ebra"?

91. Warum gucken die Hasen immer nach hinten, wenn sie von einem Hund verfolgt werden?

92. Was kann eine Maus genauso anhalten wie ein Elefant?

93. Welche Vögel verstecken sich im Graben?

94. Wie kommt ein Rabe zum Nordpol?

95. Was kommt von Dresden nach Hamburg ohne sein Bett zu verlassen?

96. Wer feiert sein ganzes Leben lang Geburtstag?

Ja, was macht denn da der kleine Egon?

Er geht vor die Hunde!

Lösungen

1. Weil es ein Sparschwein ist!

2. Der Fisch

3. Sie sagen es durch die Blume!

4. Wenn ihr Schwanz nach Norden zeigt

5. Er hebt das andere Bein hoch!

6. Eine Sardine, die auf Öl gestoßen ist!

7. Indem man es am Leben lässt!

8. Er kennt die Melodie auswendig!

9. Der Floh

10. Alle Tiere. Das Ulmer Münster kann nicht springen!

11. Die Zunge

12. Das Ohr

13. Der Regenbogen

14. Mit dem Fingernagel

15. Der Angsthase

16. Der Urlaub

17. Rehe haben Läufe, keine Beine!

18. Alle männlichen Vögel

19. Der Kater

20. Die Uhr

21. Länger als alle anderen Flüsse!

22. Ein Buch

23. Die Brücke

24. Die Zitrone

25. Die Brennnessel

26. Der Hahn. Er trägt ständig einen Kamm!

27. Die Rinde

28. Die Säge

29. Weil sie nicht in beide Richtungen gleichzeitig gucken können!

30. Sie hält die Kuh zusammen!

31. Unter einem nassen Busch!

32. Zwei Beine vorne, zwei hinten, zwei rechts, zwei links und in jeder Ecke eines!

33. Natürlich kein Pferd. Ein Pferd hat vier Beine, aber *kein* Pferd hat fünf Beine!

34. Weil es das Futter frisst!

35. Höchstens fünf Kilometer pro Stunde!

36. Er hat das Herz an der richtigen Stelle!

37. Weil er nicht darunter durchfliegen konnte!

38. Es wird dann irgendwann drei Jahre alt.

39. Sechs Vögel

40. Ein Schwamm

41. Den Zentner Weizen haben die Hühner sicher schließlich mal weggepickt, aber sie können keine Esel fressen!

42. Das Katzenkind

43. Die Motte. Sie frisst nur Löcher!

44. Ein Jewitter

45. Die Nase. Sie hat die Wurzel oben, die Flügel unten und den Rücken vorne!

46. In das Treppenhaus

47. Zwei Stinktiere!

48. Weil es bei einer Giraffe so lange dauert, bis sie ihren Stolz hinunterschluckt!

49. Weil es zum Gehen zu weit ist!

50. Der Wetterhahn

51. Katzenaugen

52. Schwarz

53. Müde

54. Vorsichtig und aus gebührender Entfernung!

55. Das Wasser. Es trägt Schiffe und treibt Mühlen!

56. Das Pferd. Es kann eine ganze Straße veräppeln!

57. Ein Krokodil schluckt einfach alles!

58. Ein Katzenmensch ist jemand, der zur Arbeit schleicht, die Pfoten auf den Tisch legt und auf die Mäuse wartet!

59. Weil niemand für sie damit wedelt!

60. Das Unkraut, denn es vergeht nicht.

61. Der Esel

62. Ihm nicht im Weg stehen!

63. K-A-T-Z-E

64. Die Bremer Stadtmusikanten

65. Ständig erhitztes Wasser!

66. Weil Schildkröten nicht lesen können!

67. Eine Ente mit Schluckauf!

68. Sie ließen so richtig die Miau raus!

69. Der Fisch

70. Weil sie nachts ein flatterhaftes Leben führen!

71. Eine Maus, die endlich Diät machen sollte!

72. Ja, aber nur, wenn du eine Maus bist!

73. Der Esel, den Noah mit auf seine Arche nahm!

74. Wenn er gebraten ist, denn niemand sagt: „Heute essen wir Gänserichbraten"!

75. Nein. Unglaublich wäre es, wenn sie den Weg mit Kompass und Landkarte finden würden!

76. Das Spinnennetz

77. Der Drahtesel

78. Eine Maus, die über eine heiße Herdplatte läuft und nach jedem dritten Schritt auf ihre Pfötchen bläst!

79. Ein Fahrrad mit 1000 Pedalen!

80. „Mann über Bord!"

81. Aus Bayern, denn dort gibt es 70 000 „Frei-Singer"! (Freising ist eine Stadt in Bayern)

82. Die Ohrmuschel!

83. Der Pudel, wenn er sich wohl fühlt!

84. Papptiger und Plüschbär

85. Weil sie beschlagen sind!

86. Der Schmutzfink!

87. Nicht Spaßvogel, sondern Lachmöwe!

88. Die Wanze

89. Der Kabeljau!

90. Nein, das ist kein Zebra, das sein Z verloren hat, sondern der beste Teil des Schwein-ebra-tens!

91. Weil sie hinten keine Augen haben!

92. Den Atem!

93. Die (G-)Raben

94. Schwarz

95. Die Elbe

96. Die Eintagsfliege

Doof, doofer, Doofhausen!

Die Antworten zu diesem Kapitel findest du gleich hinter jeder Frage! Wo sonst?

Doofhausen ist das Paradies für Scherzfragen! Und die Scherzantworten sind auch nicht so übel! Dämlicher geht es wirklich nicht!

Und das Wunderbare und Beste daran ist: Doofhausen ist einfach überall!

1. Wieso sitzen in einem Streifenwagen in Doofhausen immer zwei Polizisten?

Beim Einsatz brüllt ein Polizist TATÜTATA! und der andere Polizist schreit BLAULICHT! BLAULICHT!

2. Wieso gibt es in Doofhausen keine Autos mit Automatik?

Weil die Doofhausener auch in Schaltjahren Autofahren wollen!

3. Wieso kam Hans Doofmann gestern mit einem besonders großen Hut zur Arbeit?

Weil der Chef zu Hans sagte, er kann sich seine Gehaltserhöhung an den Hut stecken!

4. Wieso stammt das Frankenstein-Monster ganz bestimmt nicht aus Doofhausen?

Weil Frankenstein ein Gehirn besitzt!

5. Wieso gehen die Doofhausener immer nur auf Zehenspitzen um ihr Medizinschränkchen herum?

Damit sie die Schlaftabletten nicht aufwecken!

Wieso zieht Jens die Rüben hinter sich her?

Weil er nur selbstgezogenes Gemüse isst!

6. Wieso gehen die Doofhausener im Dezember durch das Fenster ein und aus?

Weil Weihnachten vor der Tür steht!

7. Wieso warf Jens Doofnickel seine Uhr aus dem Fenster?

Er wollte mal sehen, wie die Zeit verfliegt!

8. Wieso trug Jens Doofnickel immer Socken mit schreienden Farben?

Er wollte verhindern, dass ihm die Füße einschlafen!

9. Wieso haben die Einwohner von Doofhausen keine Taschenlampen?

Weil sie sich auch so in ihren Taschen zurechtfinden!

10. Wieso tragen die Doofhausener Polizisten immer eine Schere bei sich?

Damit sie Gaunern den Fluchtweg abschneiden können!

11. Wieso sägte Hein Dummdoiler die Beine von seinem Bett ab?

Er wollte mal so richtig tief schlafen!

12. Wieso schob der kleine Max Dummdieler sein Fahrrad den ganzen Weg bis zur Schule?

Er war so spät dran, dass er keine Zeit mehr hatte aufzusteigen!

13. Wieso verschluckte der kleine Max Dummdieler auf dem Weg zur Schule das Zweimarkstück?

Weil seine Mutter sagte, das ist sein Essensgeld!

14. Was macht Horst Doofmann als Erstes, nachdem er sich geduscht hat?

Er zieht sich die nasse Kleidung aus!

15. Wieso sind die meisten Doofhausener so dick?

Weil sie lieber verhungern, bevor sie eine Diät machen!

16. Was sagte Jens Doofnickel, als er ein paar Milchflaschen im Gras liegen sah?

„He! Da ist ein Kuh-Nest!"

17. Wieso gibt es in den Doofhausener Betrieben keine Mittagspause?

Damit die Beschäftigten nach der Mittagspause nicht wieder neu angelernt werden müssen!

18. Was sagte Jens Doofnickel zu Hein Dummdoiler, als der zu ihm „Schachmatt" sagte?

„He! Ich dachte, beim schwarzen Peter gibt es kein Elfmeterschießen!"

19. Wieso legte sich Hein Dummdoiler ein Metermaß unter sein Bett?

Er wollte sehen, wie lange er schläft!

20. Wieso legte Jens Doofnickel einen Amboss unter sein Bett?

Weil er immer so einen leichten Schlaf hatte!

21. Wieso haben die Autos in Doofhausen alle beheizbare Kofferraumdeckel?

Damit beim Schieben im Winter die Hände nicht festfrieren!

22. Wieso malte sich Jens Doofnickel von oben bis unten ganz mit schwarzer Farbe an?

Weil sein Chef sagte, Jens kann auf seine Gehaltserhöhung warten, bis er schwarz wird!

23. Wann fahren die Bauern in Doofhausen mit der Straßenwalze über ihre Kartoffeläcker?

Wenn sie Kartoffelbrei ernten wollen!

24. Wieso haben die Polizisten von Doofhausen immer einen Schlitten im Kofferraum ihres Streifenwagens?

Damit sie bei Bedarf mit den Ganoven gehörig Schlitten fahren können!

25. Wieso pflügen die Bauern in Doofhausen immer noch mit Ochsen und Pferden statt mit Traktoren?

Weil Traktoren nicht auf Hü! und Brr! reagieren!

26. Wofür bekam Hein Dummdoiler vor kurzem einen Pokal?

Dafür dass das Preisgericht noch nie Dummheit in solcher Vollendung gesehen hatte!

27. Wieso ist die Luft in Doofhausen so rein?

Weil die Doofhausener so selten ihre Fenster aufmachen!

28. Wieso wird in Doofhausen so wenig fotografiert?

Weil es so teuer ist, die Filme anschließend in die Entwicklungsländer zu schicken!

29. Wieso fliegen die Vögel über Doofhausen verkehrt mit dem Rücken nach unten?

Damit sie Doofhausen nicht sehen müssen!

30. Wieso klaute der Ladendieb aus Doofhausen bei ALDI und nicht bei Feinkost Dühlboiler?

Weil es bei ALDI billiger ist!

31. Was haben die Zahlen 37 und 2964 gemeinsam?

Es sind die Nummern von zwei nebeneinander liegenden Zimmern im Hotel zur Post in Doofhausen!

32. Wieso musste die Doofhausener Bibliothek wieder geschlossen werden?

Weil jemand das Buch gestohlen hat.

33. Wieso streichen die Doofhausener Fallschirmspringer ihre Fallschirme mit Hefe ein?

Damit sie auch bestimmt gut aufgehen!

34. Woran erkennst du ein U-Boot aus Doofhausen?

Die Matrosen tragen Fallschirme!

35. Was steht auf den Fallschirmen in Doofhausen?

Vor Gebrauch gut schütteln!

36. Wieso starb vor kurzem die gesamte Mannschaft des Doofhausener U-Boots?

Sie wollten beim Start das U-Boot anschieben!

Wieso lachen Hein und Uwe?

Es ist Winter, das Brennholz ist alle.
Deshalb lachen sie sich einen Ast.

37. Wieso steht in Doofhausen auf allen Fernsehern ein Pfefferstreuer?

Damit das Bild scharf ist!

38. Wieso lag bei Hein Dummdoiler eine Tüte mit Peperoni auf dem Fernseher?

Er hatte keinen Pfeffer mehr!

39. Wieso haben die Doofhausener so viele Verletzungen und Narben auf der Stirn?

Weil sie seit einiger Zeit mit Messer und Gabel essen!

40. Woran erkennst du ein Motorrad aus Doofhausen?

An den Stützrädern!

41. Woran erkennst du eine Mondrakete aus Doofhausen?

An den Stützraketen!

42. Wieso gibt es in Doofhausen keine Eiswürfel mehr?

Die alte Frau, die als Letzte noch das Rezept kannte, ist leider verstorben!

43. Was bedeuten die zwei Streifen an der Uniform eines Doofhausener Polizisten?

Der Polizist kennt jemanden, der lesen und schreiben kann!

44. Wieso stand Jens Doofnickel am Hafenbecken und warf Steine ins Wasser?

Weil er ein großes Schild sah mit der Aufschrift DEUTSCHE WERFT!

45. Wieso werden in der Gegend von Doofhausen so viele Jogger erschossen?

Weil auf ihren Sportschuhen „Rebook" steht!

46. Wieso lecken die Mädchen in Doofhausen so oft an ihren Armbanduhren?

Weil ein „Tictac" nur zwei Kalorien hat!

47. Wie verläuft in Doofhausen eine Schiffstaufe?

1000 Doofhausener heben das Schiff hoch und werfen es gegen eine Bierflasche!

48. Wieso tragen die Männer in Doofhausen keine Krawatten?

Weil sie ihnen zu eng sind!

49. Wieso wurde der Rennfahrer aus Doofhausen beim Rennen der Formel 1 weit abgeschlagen Letzter?

Weil er in jeder Runde einen Boxenstopp hatte um nach dem Weg zu fragen!

50. Wieso werden in Doofhausen die Pflaumen schneller blau als anderswo?

Weil die Bauern die Bäume würgen!

51. Wieso brachte Peter Döskopp seinen Anzug in die Reinigung?

Er hatte im Radio gehört, eine Grippewelle wäre im Anzug!

52. Wieso wurde Jens Doofnickel bald wieder gefeuert, als er als Leuchtturmwärter arbeitete?

Weil er vor dem Schlafengehen immer das Licht ausmachte!

Wer ist denn das?

Das ist Jens-Detlev, der eine besonders große Meise hat!

53. Wieso fanden die Astronauten aus Doofhausen auf dem Mond keinen Platz für die
Landung?

Es war gerade Vollmond!

54. Wieso wollte Jens Doofnickel eine Fahr-
karte nach Sicht kaufen?

Weil er im Radio hörte, schönes Wetter wäre in Sicht!

55. Woran erkennst du eine Kuckucksuhr aus
Doofhausen?

Sie sieht genauso aus wie eine Schwarzwälder Kuckucksuhr,
aber wenn der Kuckuck herauskommt, fragt er, wie spät es ist!

56. Wieso endete die Geiselnahme durch den
Gangster aus Doofhausen so schnell und
ohne Blutvergießen?

Er schickte die Geisel um das Lösegeld abzuholen!

57. Was ist der Unterschied zwischen einem
Doofhausener und einem Affen?

Der Affe schält die Banane!

58. Was steht in Doofhausen auf der Untersei-
te von allen Cola-Dosen?

„Am anderen Ende öffnen!"

59. Wieso geht Peter Döskopp unter der Dusche hin und her, wenn er sich die Haare wäscht?

Weil auf dem Shampoo „Wash and go" steht!

60. Wieso klaute der Einbrecher aus Doofhausen eine Kiste Seife in der Seifenfabrik?

Weil es ihm gerade besonders dreckig ging!

61. Warum sind die Doofhausener so wortkarg?

Weil sie von klein auf zur Sparsamkeit erzogen werden!

62. Wieso war Jens Dummnickel so stolz, als er bei einer Verkehrskontrolle einen Alkoholtest machen musste?

Weil ihn endlich mal jemand für voll nahm!

63. Wieso habe allen Doofhausener künstliche Zähne?

Weil sie beim Grasen so oft in die Steine beißen!

64. Wieso stellte sich Hein Dummdoiler mit geschlossenen Augen vor den Spiegel?

Er wollte wissen, wie er im Schlaf aussieht!

65. Was steht auf dem großen Schild am Eingang von Doofhausen?

„Füttern der Einwohner strengstens verboten!"

**66. Was versteht Peter Döskopp von Papagei-
en?**

*Alles, allerdings nur, wenn sie langsam und sehr deutlich
sprechen!*

**67. Warum essen die Doofhausener so selten
Einmachgurken?**

Weil sie mit dem Kopf immer im Glas stecken bleiben!

**68. Wieso essen die Doofhausener nie einge-
legte Silberzwiebelchen?**

Weil ihre Hände nicht ins Glas passen!

Was macht denn Hein Dösskopp da?

Auf Anraten des Arztes hütet er sein Bett!

69. Wie suchen die Doofhausener nach Tret-minen?

Sie halten sich die Ohren zu und stampfen auf den Boden!

70. Warum fällt eine Mauer um, wenn sich ein Doofhausener dranlehnt?

Der Klügere gibt nach!

71. Wie geht ein Doofhausener zu Bett?

Er legt den Kopf hinein und sieht dann nach, ob der Rest auch noch hineinpasst!

72. Wie machen die Doofhausener das Licht aus?

Mit dem Hammer!

73. Wieso liegt auf den Nachttischchen in Doofhausen immer ein Hammer?

Damit die Doofhausener nach dem Zubettgehen das Licht auswerfen können!

74. Wieso trägt Hein Dummdoiler beim Fußballspielen immer 100 Mark bei sich?

Weil er damit der wertvollste Spieler seiner Mannschaft ist!

75. Wieso gibt es keine Detektive in Doofhausen?

Weil sie nicht einmal einen kleinen Wasserfall lösen können!

76. Wieso sind in Doofhausen die Klaviere so beliebt, während dagegen kein Doofhausener eine Geige besitzt?

Weil man auf einer Geige kein Bierglas abstellen kann!

77. Waran erkennst du, dass ein Doofhausener lügt?

Wenn sich seine Lippen bewegen!

78. Wann leidet ein Doofhausener an Schlaflosigkeit?

Wenn er schon nach zwei Tagen wieder aufwacht!

79. Wieso müssen die Musiker vom Doofhausener Orchester immer mitten im Stück eine Pause machen?

Weil sie die Instrumente reinigen müssen!

80. Wieso konnte Peter Döskopp nicht Wasserski fahren?

Weil er keinen abschüssigen See fand!

81. Wieso sind seit neuestem in Doofhausen die Oliven so beliebt?

Es hat sich herumgesprochen, welchen Teil der Olive man wegwerfen muss!

Wer ist denn das?

Zwei Doofhausener, die nicht bis drei zählen können!

82. Wieso haben die Doofhausener immer einen Ballen Stroh im Haus?

Damit sie sich stets an einen rettenden Strohhalm klammern können!

83. Wieso haben die Doofhausener immer einen Heuballen auf dem Beifahrersitz?

Damit die Leute nicht glauben, der Fahrer habe nur Stroh im Kopf!

84. Wieso wollte Hein Dummdoiler nicht Bobfahrer werden?

Weil er nicht auf die schiefe Bahn geraten wollte!

85. Wieso können die Doofhausener keine Schiffsreisen machen?

Weil sie nicht wissen, wo sie ihren Kompass verlängern können!

Was ist der gemein-
same Unterschied?

*Die Lösungen zu diesem Kapitel findest du ab-
Seite 180.*

Was ist der Unterschied zwischen deiner Schule und einer Brauerei? Ganz eindeutig die Anzahl der Flaschen!

Gesucht wird also bei diesen Scherzfragen,
in welcher Gemeinsamkeit sich der Unterschied zeigt. Alles klar? Dann mal los!

1. Was ist der Unterschied zwischen Julius
   Cäsar und einem alten Schwein?

2. Was ist der Unterschied zwischen dem
   Hauptbahnhof in Köln und einem kleinen
   Bleistiftfleck auf einem Zehnmarkschein?

3. Was ist der Unterschied zwischen Penizillin und einem Mönch in der Kutte?

4. Was ist der Unterschied zwischen den
   alten Römern und den alten Griechen?

5. Was ist der Unterschied zwischen Penizillin und einer Katze?

6. Was ist der Unterschied zwischen einem
   falschen Fünfzigmarkschein und Detlev
   Dummdühler?

7. Was ist der Unterschied zwischen einem
   kleinen Betrüger und Graf Dracula, dem
   großen Vampir?

8. Was ist der Unterschied zwischen einem Schriftsteller und einem guten Tennisspieler?

9. Was ist der Unterschied zwischen einem Weihnachtsbaum und einem Baby?

10. Was ist der Unterschied zwischen einem Auto und einer Rolle Toilettenpapier?

11. Was ist der Unterschied zwischen einem Chemiker und einer Hebamme bei einer Zwillingsgeburt?

12. Was ist der Unterschied zwischen einer Zahnbürste und einer Klobürste?

13. Was ist der Unterschied zwischen einem Klavier und einer Geige?

14. Was ist der Unterschied zwischen einem Knochen und der Schule?

15. Was ist der Unterschied zwischen einer Lemone und einer Melone?

16. Was ist der Unterschied zwischen ehteoG und München an einem Werktag um 17 Uhr 30?

17. Was ist der Unterschied zwischen einer Zeitung und einem Fernseher?

18. Was ist der Unterschied zwischen Detlev Dummkoppski und einem Milliardär?

19. Was ist der Unterschied zwischen einem Seestern und einem Mathelehrer?

20. Was ist der Unterschied zwischen Jeans und der Verwaltung im Rathaus?

21. Was ist der Unterschied zwischen Gretel und Hänsel?

22. Was ist der Unterschied zwischen neuen und alten Fotos?

Wer ist das?

Ein Übersetzer vom Deutschen ins Französische!

23. Was ist der Unterschied zwischen einem geständigen Verbrecher und einem verstockten Gesetzesbrecher?

24. Was ist der Unterschied zwischen Jugend und Alter?

25. Was ist der Unterschied zwischen einem Polizisten und einer Tafel Schokolade?

26. Was ist der Unterschied zwischen einem Händler und einem Kranken?

27. Was ist der Unterschied zwischen einem Fernsehgerät und Detlev Dummnickel?

28. Was ist der Unterschied zwischen Fernsehen und einem Gemüsemarkt?

29. Was ist der Unterschied zwischen einem Pullover und einem Schiff?

30. Was ist der Unterschied zwischen einem Profiboxer und einem Lottospieler?

31. Was ist der Unterschied zwischen einem fleißigen Sparer und einem Karpfen?

32. Was ist der Unterschied zwischen einem Regenschirm und einem Geburtstag?

33. Was ist der Unterschied zwischen einem Blitz und einem Maultier?

34. Was ist der Unterschied zwischen einem Heuwagen und einer Zigarette?

35. Was ist der Unterschied zwischen einem Einbrecher und einem Arzt?

36. Was ist der Unterschied zwischen einem Glatzkopf und einem Moped?

37. Was ist der Unterschied zwischen einem Bettvorleger und einem schlechten Schüler?

38. Was ist der Unterschied zwischen einem Schüler und einem Bettvorleger?

39. Was ist der Unterschied zwischen einem Schaukelstuhl und einem Nadelkissen?

40. Was ist der Unterschied zwischen einem Schauspieler und einem Hund?

41. Was ist der große Unterschied zwischen Kaffee und Tee?

42. Was ist der Unterschied zwischen Hannover und einem Hofhund?

Und wer ist denn das?

Ein Kugelschreiber!

43. Was ist der Unterschied zwischen einem Wollpullover und einem Zug kurz vor dem Münchener Hauptbahnhof?

44. Was ist der Unterschied zwischen einem Arzt und einem Burggespenst?

45. Was ist der Unterschied zwischen einem Jäger und einem Burggraben?

46. Was ist der Unterschied zwischen einem Floh und einem Elefanten?

47. Was ist der Unterschied zwischen einer Brille und einem Parkettfußboden?

48. Was ist der Unterschied zwischen einer Schule und einer Oase?

49. Was ist der Unterschied zwischen Süditalien und Doofhausen?

50. Was ist der Unterschied zwischen einer Straßenbahn und dem 1. FC Doofhausen?

51. Was ist der Unterschied zwischen den Beamten der Stadtverwaltung und Holz?

52. Was ist der Unterschied zwischen einem Glas Leitungswasser und einem Glas Coca-Cola?

53. Was ist der Unterschied zwischen einem Maikäfer und einem Pianisten?

54. Was ist der Unterschied zwischen einer Kaffeemaschine und einem verkalkten Lehrer?

55. Was ist der Unterschied zwischen einem Kaugummi und einem alten Panzer?

56. Was ist der Unterschied zwischen einer Uhr und einem Fußballtrainer?

57. Was ist der Unterschied zwischen einem Vegetarier und einem Fußballschiedsrichter?

58. Was ist der Unterschied zwischen einem afrikanischen und einem indischen Elefanten?

59. Was ist der Unterschied zwischen einem Spargelgericht und einem fiesen Mathelehrer?

60. Was ist der Unterschied zwischen deiner Schule und dem Passauer Dom?

61. Was ist der Unterschied zwischen warmem Wasser und den Hausaufgaben?

62. Was ist der Unterschied zwischen einer Autofelge und einem Grundschullehrer?

63. Was ist der Unterschied zwischen einem Marienkäfer und dem 1. FC Doofhausen?

64. Was ist der Unterschied zwischen zwei Elefanten?

65. Was ist der Unterschied zwischen zwei Trampolins?

66. Was ist der Unterschied zwischen zwei Fahrrädern?

67. Was ist der Unterschied zwischen zwei Luftballons?

68. Was ist der Unterschied zwischen der Silvesternacht von diesem Jahr und der Silvesternacht vom vergangenen Jahr?

69. Was ist der Unterschied zwischen einer trockenen Erbse und einem Auto?

Wen sehen wir hier?

Den Stammhalter der Familie!

70. Was ist der Unterschied zwischen einem Superhelden und einem pensionierten Trompeter?

71. Was ist der Unterschied zwischen einem Beinbruch und einem Einbruch?

72. Was ist der Unterschied zwischen Kindern und einem Paar Ski?

Wen oder was siehst du hier?

Du kannst ruhig nachzählen. Es sind ein Dutzend verdutzte Dutzendgesichter!

73. Was ist der Unterschied zwischen einem Bankräuber und einem Motorradfahrer, der bei Regenwetter eine Panne hat?

74. Was ist der Unterschied zwischen einem Klavier und einem Vorhang in einem Schloss?

75. Was ist der Unterschied zwischen einem Klavier und einem Eichhörnchen?

76. Was ist der Unterschied zwischen einer Krähe?

Lösungen

1. Julius Cäsar kam, sah und siegte, das alte Schwein lahmte arg und quiekte!

2. Der Fleck auf dem Geldschein ist ein Banknotenpunkt und der Kölner Hauptbahnhof ist ein Bahnknotenpunkt!

3. Penizillin ist ein Heilserum und der Mönch hat ein Seil herum!

4. Die Römer konnten kriechen, aber die Griechen nicht römern!

5. Penizillin ist ein Heilserum und die Katze streicht um den Brei herum!

6. Die Banknote ist ein falscher Fünfziger, Detlev Dummdühler ist eine echte Null!

7. Der Betrüger ist ein kleiner Schufti und Graf Dracula ist ein echter Grufti!

8. Der Tennispieler verdient mit wenigen Sätzen viel mehr Geld als ein Schriftsteller!

9. Der Weihnachtsbaum wird vor der Bescherung geputzt, das Baby nachher.

10. Das Auto kann man auch gebraucht kaufen!

11. Der Chemiker sagt: „H_2O", die Hebamme sagt: „Oha, zwei!"

12. Also wenn du das nicht weißt, dann musst du beim Zähneputzen aber künftig besser aufpassen!

13. Das Klavier brennt länger!

14. Der Knochen ist für den Hund, die Schule ist meist für die Katz!

15. Die Reihenfolge der Buchstaben!

16. ehteoG ist ein verehrter Dichter verkehrt, in München ist um diese Zeit dichter Verkehr!

17. Mit einem Fernseher kannst du kein Katzenklo auslegen!

18. Ein Milliardär hat Geld wie Heu, Detlev Dummkoppski hat Stroh im Kopf.

19. Ein Mathelehrer quält mit Zahlen, ein Seestern zählt die Quallen!

20. Kein Unterschied. Bei beiden sitzen an den entscheidenden Stellen Nieten!

21. Gretel kann Hänsel hänseln, aber Hänsel kann Gretel nicht greteln!

22. Auf alten Fotos siehst du jünger aus, auf neuen Fotos älter!

23. Wer seine Tat gesteht, muss weniger sitzen!

24. Jugend ist das beste Alter, aber das Alter ist nicht die beste Jugend!

25. Ein Polizist führt ab, Schokolade stopft!

26. Der Händler nimmt gerne ein, der Kranke muss etwas einnehmen!

27. Kein Unterschied. Beide haben gelegentlich eine Mattscheibe!

28. Im Fernsehen gibt es mehr Konserven!

29. Ein Schiff braucht zum Einlaufen einen Hafen!

30. Kein Unterschied. Beide können mit einem Schlag reich werden.

31. Ein Karpfen kommt höchstens mal bei Hochwasser auf einen grünen Zweig!

32. Kein Unterschied. Beide werden leicht vergessen!

33. Der Blitz schlägt ein und das Maultier schlägt aus.

34. Am Heuwagen ziehen zwei Ochsen, an der Zigarette nur einer.

35. Der Einbrecher weiß immer, was den Leuten fehlt.

36. Ein Moped kannst du frisieren!

37. Der Bettvorleger ist ein Teppich, der schlechte Schüler sagt: „O, ich Depp ich!"

38. Der Bettvorleger darf an Schultagen morgens liegen bleiben!

39. Wenn du das nicht weißt, dann setz dich doch mal drauf!

40. Wenn gepfiffen wird, geht der Schauspieler ab, der Hund kommt!

41. Der Kaffee kann sich setzen, der Tee muss ziehen!

42. Keiner. Beide liegen an der Leine.

43. Keiner. Beide laufen ein!

44. Der Arzt hat ein Wartezimmer, vom Gespenst hört man ein zartes Wimmern!

45. Im Burggraben schwimmt eine Seerose, der Jäger isst gerne eine Rehsoße!

46. Der Elefant kann einen Floh haben, aber der Floh keinen Elefanten!

47. Es gibt keinen Unterschied. Beide werden verlegt!

48. Auch hier gibt es keinen Unterschied. Nur Kamele fühlen sich an diesen Orten wohl!

49. Über Süditalien lacht die Sonne, über Doofhausen lacht die ganze Welt!

50. Die Straßenbahn hat mehr Anhänger!

51. Holz arbeitet!

52. Etwa 50 Pfennig!

53. Die Zahl der Flügel!

54. Eine Kaffeemaschine kannst du entkalken!

55. Der Kaugummi schmeckt besser!

56. Die Uhr macht Ticktack und der Trainer hat eine Taktik.

57. Der Vegetarier hat Tomaten auf seinem Teller, der Schiedsrichter hat sie auf seinen Augen!

58. Sie haben völlig verschiedene Postleitzahlen!

59. Beim Spargel ist der Kopf das Beste!

60. Eigentlich keinen. Im Passauer Dom gibt es nämlich eine Orgel mit vielen Pfeifen!

61. Das Wasser ist flüssig, die Hausaufgaben sind überflüssig!

62. Die Autofelge ist von Reifen umgeben, der Lehrer von Unreifen!

63. Der Marienkäfer hat mehr Punkte!

64. Je größer, desto Rüssel!

65. Je federnder, desto SPROING!

66. Je platter, desto PUMP!

67. Je pumper, desto PLATT!

68. Je böller, desto KRACH!

69. Das Ein- und Ausweichen!

70. Der Superheld tut Taten, der frühere Trompeter tat Tuten!

71. Beim Beinbruch muss man liegen, nach einem Einbruch muss man sitzen!

72. Ski werden gewachst, Kinder wachsen von alleine!

73. Der eine hat Dreck am Stecken, der andere bleibt im Dreck stecken.

74. Das Klavier hat Tasten, der Vorhang hat Quasten!

75. Wenn es einen Baum hinaufklettert, ist es das Eichhörnchen!

76. Sie hat zwei Beine, besonders das linke!

Noch mehr Scherz-
bilderfragen!

*Die Lösungen zu diesem Kapitel findest du ab
Seite 197.*

1.

2.

3. Hein ist daran
   schuld, dass Detlev
   hier der Hut hoch-
   geht. Wieso?

   **r hat e lassen
   Nachricht**

4.

5.

6. W 8 me=r

7. Was ist hier
preiswert zu
genießen?

8. Das hier ist eigentlich gar nicht so schwierig. In welche Stadt zieht es die muntren
   Wanderer?

9. Was ist denn
   das da?

10. Hier muss ein bisschen
    um die runde Ecke ge-
    dacht werden:

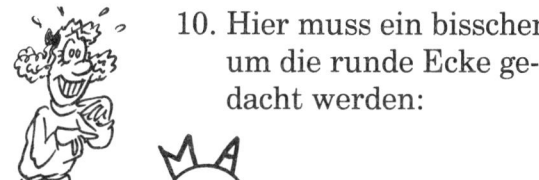

11. Wo gehen Dietlinde und Hansi hin?

12. Dieses Scherz-
buchstabenrätsel
ist besonders
tückisch!

13.

14.

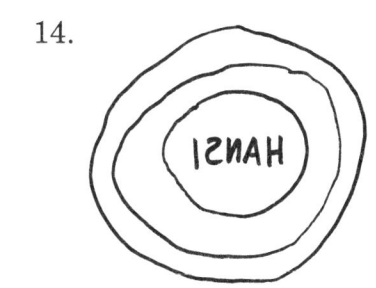

15.

16. ung   ung   ung   ung
     ung   ung   ung   ung
          n

17.

18.

19. Jetzt bist du sicher schon so weit, dass dir
   – richtig gelesen – der Sinn dieses Satzes
   klar und deutlich wird!

Jede
Schätzung teilig ist!

20. Was bedeutet diese rätselhafte Inschrift?

Sie besitzt drei Züge andern
   sicht nämlich
   und sicht
   und
   sicht.

21. Das ist nun etwas völlig Rätselhaftes. Was
    bedeutet ...

Listige Gegen gebrauche große sicht.

Zu den Wort- und Buchstabenspielereien gehört auch das sogenannte Küchenlatein. Dabei
werden die Worte ihrem Klang nach zu schein-
barem „Latein" umgebildet.
   Jetzt darfst du es wieder „zurücküberset-
zen".

22. Dida mensa gens niger ne da si libendi
    cavet asse!

Was heißt dieser Satz hier auf Deutsch? Vielleicht kannst du sogar auch noch diesen latei-
nischen Sinnspruch übersetzen:

Aalaser, siasmus, lachsassi!

23. Sprachwissenschaftler können sich an die-
    ser besonders schwierigen Übersetzung
    aus dem Französischen ins Bayerische ver-
    suchen:

   Ci dans de fils d'avec
   si laquelle si d'ami cher!

Was könnte dieser Satz nur bedeuten?

24. Wesentlich einfacher ist es dagegen den folgenden Satz mit richtiger Buchstabentrennung wieder in normales Deutsch zu verwandeln:

> *Di Kurante bissifil*
> *indi verti fung!*

Ein Tip: Die „Blumento-Pferde" sind in Wahrheit einfache Blumentopf-Erde!

Lösungen

1. Eins-am-Keit = Einsamkeit

2. Za-um-z-e-ug = Zaumzeug

3. r-hat-ein-e-Nachricht-hinter-lassen = Er hat eine Nachricht hinterlassen!

4. Eine kleine Maus unternimmt ein großes Abenteuer!

5. Dummkopf

6. Wachtmeister

7. Ein herrlicher Sonnenuntergang!

8. Dortmund

9. Tee mit etwas Rum

10. Emma auf dem ersten Ball

11. Sie gehen ins Kino.

12. AMSTERDAM sehr sparsam mit nur 7 Buchstaben geschrieben!

13. Banknoten

14. Hansi verkehrt in schlechten Kreisen!

15. Brummbär

16. Übernachtung

17. Raumschiff

18. Kleines Wehweh am großen Zeh!

19. Richtig gelesen: Jede-über-Schätzung ist-nach-teilig = Jede Überschätzung ist nachteilig!

20. Die rätselhafte Inschrift: Sie besitzt drei-vor-Züge-vor andern nämlich-nach-sicht und-vor-sicht und-über-sicht! Das liest sich im Zusammenhang so:

Sie besitzt drei Vorzüge vor andern, nämlich Nachsicht und Vorsicht und Übersicht!

21. Gegen Hinterlistige gebrauche große Vorsicht!

22. Das Küchenlatein: Die Damen sagens nie gerne, dass sie lieben die Kaffeetasse! Aal aß er, sie aß Mus, Lachs aß sie!

23. Das bayerische „Französisch": Sie, dan's de Füß' da weg, Sie Lackl, Sie damischer! (Was auf Hochdeutsch so viel heißt wie: Nehmen Sie Ihre Füße da weg, Sie ungehobelter, blöder Kerl!)

24. Die Kuh rannte, bis sie fiel in die Vertiefung!

Die allereinfachsten Fragen!

Mittlerweilen rotiert ja vielleicht dein Gehirn schon. Alle diese ach so schwierigen Fragen musstest du beantworten. Jetzt hast du dir redlich ein kleines Erholungspäuschen verdient! Deshalb gibt es in diesem Kapitel nur eine einzige Frage für Dutzende von Antworten und die werden auch noch sofort mit der Frage mitgeliefert!

Einfacher geht es wirklich nicht mehr!

Wer weiß, vielleicht kannst du dann und wann ein „Ach, das hätte ich doch gewusst!" murmeln.

Die eine Frage lautet:
Wusstest du eigentlich, ...

... dass du mit einem Reifenschaden nicht in einen Plattenladen gehen solltest?

... dass man sich am nächsten Tag umso besser an dich erinnert, je mehr du dich auf einer Party vergessen hast?

... dass ein Bademeister oft eine chlorreiche Vergangenheit hat?

... dass trotz Tintenkiller manch ein Schüler bei der Prüfung in der Tinte sitzt?

... dass gelegentlich ein Fürst die Würst mit Widerstand am Würstelstand isst?

Was ist denn hier los?

Egon kann einfach nicht b-greifen!

... dass Dicke auch mal dünn angefangen haben?

... dass ein Autogramm kein Kfz-Gewicht ist?

... dass Teigwaren Teigwaren sind, weil Teigwaren Teig waren?

... dass es oft besser ist, anderen die Flötentöne beizubringen als selbst Trübsal zu blasen?

... dass der Mond nachts auch ohne Hefe aufgeht?

... dass auch Glatzköpfe mal eine Glückssträhne haben können?

... dass auch einem Metzger seine Zukunft nicht Wurst sein kann?

... dass ein Violinschlüssel nicht rosten kann?

... dass das Tier mit der höchsten Intelligenz die Giraffe ist?

... dass man auch ohne Standpunkt richtig liegen kann?

... dass gegen Akne keine Pickelhaube hilft?

... dass jemand, der überall seinen Senf dazugibt, selbst oft ein kleines Würstchen ist?

... dass Kaiser Karl keine Knödel kochen konnte?

... dass die Muttersprache deshalb so heißt, weil Papa so selten zu Wort kommt?

... dass ein ganz ausgekochter Kerl und ein mit allen Wassern gewaschenes Girl zusammen noch lange kein sauberes Pärchen bilden?

... dass auch schlechte Turner sich selbst auf den Arm nehmen können?

... dass ein Eispickel nichts mit der Akne vom Schneemann zu tun hat?

... dass du eine ältliche Klavierspielerin trotzdem nicht mit „Flügelschraube" anreden solltest?

... dass du kein Bahnwärter sein musst um jemand in seine Schranken zu weisen?

... dass der Klügere so lange nachgibt, bis er der Dumme ist?

... dass ein Lied auf den Lippen immer noch besser als ein Pfeifen im Ohr ist?

Welchem Sportereignis wohnen wir hier bei?

Einem echten Kurzstreckenrennen!

So, jetzt hast du dir eine kleine Pause verdient. Mal ehrlich, du hast nicht alles gewusst, oder? Macht nichts. Jetzt atme mal gut durch. Alles klar?

So. Neu gestärkt fütterst du jetzt dein Gehirn weiter mit diesen wichtigen und weltbewegenden Wahr- und Weisheiten.

Wusstest du etwa, ...

... dass du mit Rosinen im Kopf trotzdem Haare in der Suppe haben kannst?

... dass du nicht über den Berg kommst, wenn du dauernd auf der Höhe sein willst?

... dass Maulesel ganz gerne Maulbeerstrauchblätter essen?

... dass ein Forscher, der in der Wüste herumirrt, nicht unbedingt auch ein Wüstling sein muss?

... dass Glühwürmchen keinen Glühwein trinken?

... dass in der Schwarzwaldklinik seltsamerweise nichts gegen das Waldsterben unternommen wird?

... dass du mit einem Bienenstock nicht zum Wandern gehen solltest?

... dass ein trautes Heim kein Heim sein sollte, in das man sich nicht heimtraut?

... dass Hühneraugen nicht die Fettaugen auf einer Hühnersuppe sind?

... dass „Derwisch" nicht das arabische Wort für Putzlappen ist?

... dass es besser ist, von Picasso gemalt als vom Schicksal gezeichnet zu sein?

... dass eine Sechs im Zeugnis oft schlimmere Folgen als eine Acht im Fahrrad hat?

... dass andererseits aber eine Fünf in Deutsch immer noch besser als überhaupt keine persönliche Note ist?

... dass Schwarzfahren gelegentlich besser als Blauanlaufen ist?

... dass du nicht einfach deshalb den Zahnarzt wechseln solltest, weil er dir auf den Nerv geht?

Wieso schleichen diese beiden finsteren Gestalten hier herum?

Weil sie Schleichwerbung machen!

... dass ein Streber in der Schule auch dann nicht von der Bildfläche verschwindet, wenn er dem Lehrer in den Hintern kriecht?

... dass Skifahrer nicht deshalb besonders eitel sind, nur weil sie sich im Winter mal liften lassen?

... dass ein Hamburger-Lokal kein geeigneter Ort für einen richtigen Heck-Mac ist?

... dass die Fruchtpresse keine Fachzeitschrift für Obstzüchter ist?

... dass Kutschböcke nur noch sehr selten auf dem Bauernhof gesichtet werden?

... dass der Zahn der Zeit seine Wurzel in der Vergangenheit hat?

... dass Wiener Waschweiber weiße Wäsche waschen würden, wenn warmes Wasser wirbeln würde?

... dass Sandkuchen nicht vom Sandmännchen gebacken werden?

... dass sich manche Schüler in unauffälliges Grau kleiden nur um es danach umso bunter zu treiben?

... dass bei Zahnschmerzen auch eine Fahrt mit dem Autobus wenig hilft?

... dass auch Nichtschwimmer Apfelstrudel essen dürfen?

... dass Höhenmesser nicht geschliffen werden müssen?

Du darfst dir jetzt noch mal eine kleine Pause gönnen. Wer will, kann diese Weisheiten mit Fug und Recht für Unfug und Unrecht halten. Aber es ist doch einfach eine unerschütterliche Tatsache, dass es besser ist, heimlich schlau als unheimlich doof zu sein!

Deshalb frage dich erneut, ob du schon wußtest, ...

... dass eines der seltensten Steckenpferde das Sammeln von Steckenpferden ist?

... dass du bei einem Hexenschuss nicht sofort die Flinte ins Korn werfen solltest?

... dass man einem schlechten Dompteur keinen Bären aufbinden sollte?

... dass der Apfel meist nicht weit vom Pferd fällt?

... dass auch ein Berufsmusiker mal von Tuten und Blasen keine Ahnung haben kann?

... dass mancher Schüler umsonst zur Schule geht, auch wenn er Schulgeld bezahlt hat?

... dass du auch ohne Abbeißen erkennen müsstest, ob ein Kleid geschmacklos ist?

... dass in einem indischen Lokal die Küche meist am Ende des Ganges ist?

... dass von allen heißen Platten die Kochplatten die allerheißesten sind?

... dass kurz in der Sonne liegen immer noch besser ist als ständig hinter dem Mond zu leben?

Was sehen wir hier?

Professor Doilenbieler, der berühmte Dampfplauderer, redet mal wieder viel heiße Luft!

... dass Worte nicht nur dann wirklich Gewicht haben, wenn sie einem auf der Zunge liegen?

... dass am Rande von Haarnadelkurven keine Haarnadeln wachsen?

... dass man einem Barfußläufer trotzdem etwas in die Schuhe schieben kann?

... dass wer zuletzt lacht, schlicht und einfach die längste Leitung hat?

... dass es für den Bauern kein Anlass zur Sorge ist, wenn seine Henne etwas ausbrütet?

... dass es sinnlos ist, wenn ein Lehrer Griechisch spricht, nur weil er mit seinem Latein am Ende ist?

... dass ein Bauer mit einem neuen Traktor trotzdem oft wie ein Pferd arbeiten muss?

... dass Richard Löwenherz der erste Mensch mit einer Herztransplantation war?

... dass in der Ruhezone eines Krankenhauses trotzdem schreiende Farben erlaubt sind?

... dass man als Ostfriese in Bayern eine Nacht in ägyptischer Finsternis verbringen kann?

... dass die braunen Bären Braunbären und die weißen Bären die Eisbären sind, aber fliegende Bären keinesfalls Hubschraubären heißen?

... dass gegen kaltes Grausen am besten ein heißer Kuss hilft?

... dass auch gerade ein Feuerwehrmann Feuer und Flamme sein kann?

... dass auch ein Geiger flöten gehen kann?

... dass auch der Friseur mal ungeschoren davonkommen kann?

... dass du dir nichts herausnehmen solltest, obwohl du gerade einen Korb bekommen hast?

... dass du im Leben oft nur vorwärts kommst, wenn du dich in bestimmten Kreisen bewegst?

... dass Kinder oft stehen bleiben, obwohl sie von ihren Eltern immer aufgezogen werden?

... dass du noch bei Kerzenlicht fernsehen würdest, wenn Edison nicht die Glühbirne erfunden hätte?

... dass das Denken der Gedanken oft gedankenloses Denken sein kann und du deshalb nicht gedacht zu haben denken solltest?

... dass du bei einem Krankenbesuch keine Witze erzählen solltest, über die man sich kranklachen kann?

Was? Du wolltest das alles gar nicht wissen? Tja, Pech gehabt! Es musste eben einfach mal ganz deutlich zur Sprache gebracht werden! Außerdem, wer nichts lernt, der kann auch nichts vergessen!

Erfrischend doofe Fragen!

Jawohl, doofe Fragen können erfrischen!
Wieso? Das liegt am Wirkstoff im Geruch der
Blüten, die der Schwachsinn stets aufs Neue
treibt.
   Also bitte jetzt tief einatmen!

1. Was ist schwarzgelb, fliegt und singt italienisch?

Die Biene Maja im italienischen Fernsehen!

2. Wieso konnte die Birne durch den Obstgarten fliegen?

Es war die Birne Maja!

3. Was fliegt durch die Luft mit einem metallischen Klirren und Rasseln?

Eine Schwalbe mit Schneeketten!

4. Was bekam der Einbrecher, der einen Kalender klaute?

Zwölf Monate!

5. Wo bestellte sich die Katze ihren Fernseher?

In einem Katzalog!

6. Wieso gibt es heutzutage nur noch sehr selten Straßenräuber?

Weil es so mühsam und anstrengend ist, diese schweren Asphaltstraßen wegzuschleppen!

Ja, wer soll denn das sein?

Das ist ein echter Dreikäsehoch, der aber schleunigst aus der Sonne gehen sollte!

7. Was ist grau, klein, hat vier Beine und einen Koffer?

Eine Maus auf Urlaubsreise!

8. Was sagte der Vulkan zu dem benachbarten Höhenzug?

„Stört es Sie, wenn ich rauche?"

9. Wieso wollte die Gurke unbedingt Klavierspielen lernen?

Weil die Gurke kein Kinn hatte um damit beim Spielen eine Geige festzuklemmen!

10. Wenn zwei Tomaten durch den Wilden Westen reiten, welche von beiden ist dann der Cowboy?

Keine von beiden. Beide sind Rothäute!

11. Womit wird in Bologna Fasching gefeiert?

Mit Confetti bolognese!

12. Wieso können Schweine nicht Fahrrad fahren?

Weil sie keinen Daumen zum Klingeln haben!

13. Was ist gelb, krumm und gut in Mathe?

Eine Banane mit Taschenrechner!

14. Was ist gelb, krumm und schlecht in Mathe?

Eine Banane mit einem Taschenrechner, in dem die Batterien leer sind!

15. Wie passen vier Elefanten in ein Golf-Cabrio?

Zwei Elefanten vorne und zwei Elefanten hinten!

16. An welchem Tag gehen die Dinosaurier am liebsten ins Kino?

Am Dinostag!

17. Was ist rot, dann zeitweilig grün und dann wieder rot?

Eine Tomate, die aushilfsweise als Gurke arbeitet.

18. Was ist faustgroß, gelb und macht „Klack, klack, klack, klack"?

Eine Zitrone mit vier Türen!

19. Was ist schlimmer als ein Nasenbär mit entzündeter Nase?

Eine Giraffe mit Halsweh!

20. Was ist schlimmer als eine Giraffe mit Halsweh?

Ein Elefant mit Stoßzahnweh!

21. Was ist schlimmer als ein Elefant mit Stoßzahnweh?

Ein Tausendfüßler mit Hühneraugen!

22. Was sagte Tarzan, als er sah, wie der Gorilla aus dem Dschungel herauskam?

„Hey, da kommt der Gorilla aus dem Dschungel heraus!"

23. Was ist schwarzweiß und befindet sich in Frankfurt an der Oder?

Ein verirrtes Zebra!

24. Was ist schwarzweiß, hat acht Räder und aufgeschürfte Knie?

Eine Nonne, die zum ersten Mal Rollschuh fährt!

25. Was ist weiß und schwingt sich in Österreich von Baum zu Baum?

Ein Arzt bei der Zeckenbekämpfung!

26. Was fliegt durch den Wald und ruft „Gackack"?

Ein Kuckuck, der eine Fremdsprache gelernt hat!

27. Was ist gelb und zeigt nach Norden?

Eine magnetische Banane!

28. Was trinken junge Krokodile am liebsten?

Croca-Cola

29. Was sieht Donald Duck im Fernsehen am liebsten?

Duckomentarfilme

30. Was ist gelb, faustgroß und macht „Klack, klack, klack"?

Eine Zitrone, bei der eine Tür klemmt!

31. Wie bringst du einem Zebra am schnellsten das Fliegen bei?

Du kaufst ihm ein Ticket bei der Lufthansa!

32. Was bestellte der Eisbär bei MacDonald's?
Einen Eisbärger natürlich!

33. Wieso ließ sich der Igel von seiner Frau scheiden?
Er hatte die ständigen Sticheleien satt!

34. Wieso gilt der Salatkopf als besonders faul?
Er liegt den ganzen Tag im Beet!

35. Was passiert, wenn du einen Elefanten in den Kühlschrank sperrst?
Als Erstes kannst du die Eisschranktür nicht mehr richtig schließen!

36. Was ist der Unterschied zwischen einer Tomate und einem afrikanischen Elefanten?
Tomaten sind rot.

37. Wieso tragen Elefanten so gerne schwarze Turnschuhe?
Weil ihre weißen Turnschuhe immer so schnell schmutzig werden!

38. Wieso haben Elefanten so faltige Haut an den Füßen?
Weil sie ihre schwarzen Turnschuhe immer viel zu fest schnüren!

39. Was macht „Stompf, squatsch, stompf, squatsch"?

Ein Elefant mit zwei nassen Turnschuhen!

40. Was sagte Tarzans Freundin Jane, als sie eine Elefantenherde sah?

„Das sind aber große Tomaten!" (Jane war leider farbenblind!)

Was ist denn hier los?

¡qvʇS uǝzɹnʞ nz ƃıʇnǝpuıǝ ʇıɯ uǝƃuıɹdsɥɔoɥqɐʇS

41. Was sagte Jane, als sie in die Dschungelbar kam und sah, dass ein Gorilla die Gäste bediente?

„Oh! Arbeitet denn der Elefant nicht mehr hier?"

42. Wann haben Elefanten zwölf Beine?

Wenn sie zu dritt beisammenstehen!

Was ist denn hier mit Egon los?

Egon hat einen Geistesblitz, als er gerade den springenden Punkt betrachtet!

43. Wieso ist es im Dschungel am Nachmittag zwischen vier und fünf so gefährlich?

Weil dann die Elefanten von den Bäumen herabspringen!

44. Wieso haben Elefanten so flache Fußsohlen?

Weil sie ständig von den Bäumen herabspringen!

45. Wieso sind die Pygmäen so klein?

Weil sie nachmittags zwischen vier und fünf in den Dschungel gehen!

46. Was geschah eigentlich mit dem Schiff, das eine Ladung Jojos an Bord hatte?

Es sank siebenunddreißigmal!

47. Wieso überquerte das Huhn die Straße?

Weil es auf die andere Straßenseite wollte!

48. Wieso überquerte die Maus die Straße?

Weil sie mit einer Schnur an das Bein des Huhns festgebunden war!

49. Wieso überquerte der Truthahn die Straße?

Das Huhn hatte gerade seinen freien Tag!

50. Wieso überquerte die Kuh die Straße?

Sie war dort mit dem Truthahn verabredet!

51. Wieso überquerte der Kaugummi die Straße?

Er klebte am Huf der Kuh!

52. Was sagte der Kaugummi zur Tomate, die mitten auf der Straße lag?

„Tja, Pech gehabt, Ketschup!"

53. Was steht im Wald, wiehert und miaut?

Ein Reh, das zwei Fremdsprachen spricht!

54. Was ist schwarzweiß und hat sechzehn Räder?

Ein Zebra auf Rollschuhen!

55. Warum ist der Kanarienvogel klein und gelb?

Wäre er groß und gelb, wäre er ein Postauto!

56. Warum haben Elefanten rote Augen?

Damit sie sich besser im Kirschbaum verstecken können!

57. Warum hast du noch nie einen Elefanten im Kirschbaum gesehen?

Weil sie sich mit ihren roten Augen so gut im Kirschbaum verstecken können!

58. Wieso ist das Meerwasser so nass?

Damit es nicht so staubt, wenn die Schiffe bremsen!

59. In welcher Stadt mieft es am schlimmsten?

In Pfui York!

60. Wo findest du uralte Kühe?

Im Muhseum!

61. Wieso sind viele Kalender so traurig?

Weil ihre Tage gezählt sind!

62. Was ist groß, gelb und liegt auf dem Rücken?

Ein müdes Postauto!

63. Wieso wurde das Tauziehen zwischen Frankreich und den USA wieder abgesagt?

Sie konnten kein Tau finden, das lang genug war!

64. Was bewegt sich über den Rasen und macht „Mäh"?

Ein sprechender Rasenmäher!

65. Wie kämmst du einen alten Hasen?

Mit viel Has-Spray!

66. Wieso vertragen sich Streichhölzer so schlecht?

Weil sie eben Hitzköpfe sind!

67. Was ist gelb, rot, gelb, grün und dann wieder rot, gelb, grün?

Ein Kanarienvogel, der aushilfsweise als Verkehrsampel arbeitet!

68. Was solltest du bei einem liebeskranken Elefanten machen?

Einen weiten Bogen um ihn herum!

69. Was ist groß, grau und summt?

Das ist die sprichwörtliche Mücke, die zum Elefanten gemacht wurde!

70. Was ist weiß und hängt in Südamerika am Baum?

Ein Faultier im Nachthemd!

71. Was sagte die große Säge am Abend zur kleinen Säge?

„Zähneputzen nicht vergessen!"

72. Was für Kleidung tragen Gespenster?

Ziemlich durchlässige!

73. Was ist gelb, hat 22 Beine und zwei Flügel?

Eine chinesische Fußballmannschaft!

74. Wann solltest du ein kleines grüngelbes Monster mit Monstermilch füttern?

Nur wenn es tatsächlich ein kleines grüngelbes Monster ist!

Was macht Winifred da?

¡¡¡llⱯqzʇǝN uǝʇqǝᴉlǝq os sᴉuuǝꓕ ɯᴉ uǝp ʇqn̈ ɹꓱ

75. Wovon hören Kannibalen im Radio am liebsten?

Von einem Menschenauflauf!

76. Wieso tragen Pinguine immer einen schwarzen Frack?

Damit sie bei Gelegenheit als Kellner arbeiten können!

77. Wieso tragen Pinguine keine Fliege zu ihrem Frack?

Damit sie nicht mit dem Oberkellner verwechselt werden!

78. Was gibst du einem seekranken Elefanten?

Viel, viel Platz!

Scherzrätsel aus
alter Zeit

*Die Lösungen zu diesem Kapitel findest du ab
Seite 248.*

Viele unserer heutigen Scherzfragen sind die
gestrafften und „entreimten" Versrätsel unserer Vorfahren. Früher fragte man:

> *Ich bin groß und mächtig*
> *und blühe prächtig.*
> *Der Sonne bin ich zugekehrt,*
> *mit ihrem Namen man mich ehrt.*
> *Wer bin ich?*

Heute heißt das so: Welche Uhr bleibt
nachts immer stehen?

Der Reiz der kurzen Scherzrätsel aus alter
Zeit liegt aber heute gerade in der altertümli-
chen Ausdrucksweise. Möge deshalb dieses
Kapitel den Vorfahren und Ahnen unserer
Scherzfragen vorbehalten bleiben!

Um welche bekannten Märchenfiguren handelt es sich hier?

Um Zwerg Nase, Zwerg Ohr und Zwerg Hühnerauge!

1. Am Tage stopft man ihnen das Maul,
   nachts stehen sie vorm Bett und gähnen
   faul!

2. Es ist links und zeigt nach rechts,
   es ist rechts und zeigt nach links.
   Was ist denn das?

3. Es trägt seinen Herrn
   und wird von ihm getragen!
   Wer ist der treue Geselle?

4. Hoch erhoben und krumm gebogen,
   dabei ganz farbenprächtig erzogen.

5. Bin ich davor, bin ich drin.
   Bin ich drin, bin ich davor.

6. Nur Tropfen darf ich trinken,
   doch man sieht es mir sofort an.

7. Wer es macht, der sagt es nicht.
   Wer es nimmt, der kennt es nicht.
   Wer es kennt, der will es nicht.

8. Zwei Eingänge hat das Haus
   und wenn man mit den Füßen heraus ist,
   ist man erst richtig drin!

9. Es ist so klein wie eine Maus und doch
   können es hundert Pferde nicht den Weg
   hinaufziehen!

10. Ist er nicht warm, so braucht er Futter.
    Aber er frisst's nicht und man sagt,
    dass er gut sitzt, obwohl er hängt!

11. Ich werde gestern sein,
    bin morgen da gewesen.

12. Wer es macht, der nennt es nicht.
    Wer es sucht, der kennt es nicht.
    Findet er's, wird's hinterdrein
    nicht mehr, was es war, ihm sein!

13. Zwei Brüder gehen auf einem weißen Feld
    spazieren, ein großer und ein kleiner.
    Der kleine Bruder hat aber mehr zu sagen
    als der große!

14. Siehst du's genau, so lässt du es liegen.
    Siehst du's ungenau, so hebst du es auf.

15. Es wird immer wieder nass, aber niemals
    trocken.

16. Zwei Leute laufen, keiner überholt den an-
    deren. Was ist das?

Was soll das hier bedeuten?

Das ist der Anfang des schönen Liedes „Ich weiß nicht, was soll es bedeuten ..."

17. Ein weißes Feld ist schwarz besät,
    gar mancher Mensch vorübergeht,
    kann wissen nicht, was da steht!

18. Alle Tage geh ich aus,
    bleibe aber stets zu Haus!

19. Kaum hast du es geholt, ist es wieder fort
    und du musst es von neuem holen!

20. Ich weiß ein kleines, feines Haus,
    hat nichts von Tür und Toren,
    und will der kleine Wirt hinaus,
    dann muss er erst die Wand durchbohren!

21. Wenn man mich sieht,
    so sieht man mich nicht.
    Sieht man mich,
    so sieht man nicht.

22. Der ihn macht, der will ihn nicht,
    Der ihn trägt, behält ihn nicht.
    Der ihn kauft, der braucht ihn nicht,
    Der ihn hat, der weiß es nicht!

23. Vier Jahre bleib ich aus,
    dann komme ich nach Haus
    und zeige mich im Kreis meiner Brüder,
    bis ich für vier Jahre verschwinde wieder.

24. Je mehr man wegnimmt, desto größer wird
    es.
    Je mehr man hinzutut, desto kleiner wird
    es.

25. Keiner ging voran.
    Keiner ging in der Mitte.
    Keiner ging hinten.
    Trotzdem kam keiner gut voran.
    Wer waren diese seltsamen Leute?

26. Erst weiß wie Schnee, dann grün wie Klee,
dann rot wie Blut, schmeckt allen Leuten
gut.

27. Zweibein saß auf Dreibein und aß Einbein.
Da nahm Vierbein Zweibein Einbein weg.
Da nahm Zweibein Dreibein und warf nach
Vierbein, dass Vierbein Einbein fallen ließ.

28. Ich habe mein eigenes Schloss,
doch es ist ziemlich klein.
Außer mir passt kein Gast mehr hinein.

29. Immer ist es nah – niemals ist es da.
Wenn du denkst, du seist daran,
nimmt es andere Namen an!

30. Wir sind eins und zwei
und wenn wir uns zusammenfügen,
trennen wir alles,
was wir kriegen.

31. Wie wird man schnell ein hoher Heiliger?

32. Ich habe ein Loch und mach ein Loch und
schlupf dann noch selbst durch dieses
Loch!

33. Zuerst hoch oben, dann unten bei dir.
Klein wie ein Maus, stachelig wie ein Igel,
bin glänzend wie ein Spiegel.

34. Wie trägst du Wein wohl über den Rhein ohne Flasche und Glas, ohne Krug und Fass?

35. Was ist geringer als ein König und doch über ihm?

Professor Duhlenboiler macht gerade eine sensationelle Entdeckung! Welche?

Er entdeckt das SCHLAR-AFFENLAND!

36. Eine winzige Tür,
    aber die ganze Welt
    kann hindurchgehen!

37. Wer hat Sporen am Fuß und reitet nicht?
    Wer hat eine Sichel und schneidet nicht?
    Wer hat einen Kamm und kämmt sich
    nicht?

38. Ihr lieben Leut,
    was dies wohl bedeut'?
    Hat sieben Häut',
    beisst alle Leut!

39. Der arme Tropf hat einen Hut und keinen
    Kopf.
    Und hat dazu nur einen Fuß und keinen
    Schuh.

40. Ich habe die Tochter des Schmieds im
    Haus,
    küsst jedem die Hand, der geht ein und
    aus.

41. Es rüttelt sich und schüttelt sich
    und macht ein Häufchen hinter sich!

42. Im Winter warm, im Sommer kalt,
    im Frühling arm, im Herbst reich.

43. Wir jagen einander ewiglich,
    du kriegst mich nicht und ich nicht dich!
    Unmöglich, dass es geschieht,
    dass ich, dein Bruder, dich Schwester seh!

44. Hat er Wasser, trinkt er Wein.
    Hat er kein Wasser, trinkt er Wasser.

45. Welche Fensterläden schließen von selbst
    und sie tun's ganz ohne Geräusch?

46. Es schnaubt und heult die Straß' herauf
    und hat doch keine Lunge.
    Es leckt den Schnee wie Butter auf
    und hat doch keine Zunge!

47. Keine Uhr geht genauer
    und nützt doch nichts in der Nacht.

48. Bekannt bin ich im ganzen Land,
    ihr nehmt mich täglich in die Hand.
    Viele Zähne hab ich und kann doch nicht
    beißen –
    nun ratet mal, wie werd ich wohl heißen?

49. Es liegt darnieder als wie gebrochen,
    hat hundert Glieder und keine Knochen.

50. Im Sommer ein Bettelmann,
    im Winter ein Herr.

Wer kommt denn da daher?

Die Bremer Stadtlieferanten!

51. Es hat keine Flügel und fliegt,
    es hat keinen Schnabel und beißt doch.

52. Das Haus voll Essen,
    die Tür vergessen.

53. Er hat sie gern, sie hätt ihn gern,
    er liebt sie sehr, sie liebt ihn nicht,
    wünscht aber doch, dass sie ihn kriegt.

54. Ein langer, langer Vater,
    eine lange, lange Mutter,
    dazwischen viele Kinder.

55. Es ist hochgeboren und niedergeschoren
    und weit und breit zusammengetragen.

56. Da sitzt einer auf dem Dach und raucht,
    der weder Pfeife noch Tabak braucht.

57. Fünf Löchlein in einem großen Loch
    wärmen uns im Winter doch.

58. Was hat viele Blätter, ist aber kein Baum,
    wach kann es dich halten, fast wie ein
    Traum.

59. Kein Anfang, kein Ende,
    doch schmückt es dir die Hände.

60. Ich bin sehr flüchtig, will hoch hinaus,
    wen ich beiße, der nimmt Reißaus!

61. Je mehr man von mir isst,
    desto mehr lässt man von mir zurück.

62. Witschelwatschel geht über die Brücken,
    trägt des Königs Bett auf dem Rücken.

63. Ich bin nichts, ich war nichts, ich werde
    nichts sein.
    Du meinst, ich scherze, ich sage dir nein!
    Ich stehe ja sichtbar vor deinem Gesicht,
    sagst du meinen Namen, so nennst du
    mich nicht!

64. Will man vieles von mir haben,
    muss man mich zuerst begraben.

65. Wenn du es tust,
    so ist es gut.
    Tust du es nicht,
    geschieht es doch.

66. Mein mildes Angesicht
    ist geschmückt mit fremdem Licht.
    Schmückt mich nicht das fremde Licht,
    Siehst du nicht mein Angesicht.

67. Niemand kann sagen, was ich bin.
    Ich allein kann es kundtun.

68. Sie laufen rund um die Welt
    und haben doch keine Füße.

69. Wer überwältigt auch den stärksten Mann
    und streckt ihn lang hin ohne ihn zu
    töten?

70. Die Oma hat es gebraucht zum Nähen,
    jetzt kannst du es im Garten blühen sehen.

71. Viel gibt es nicht, was man ohne mich isst,
    aber alleine werde ich nie gegessen!

Oh nein! Andrea ist in einer mißlichen Lage!
Was macht sie da?

Sie ist mit dem Teufel im Bunde!

72. Was ist denn das?
    Zwei Köpfe, zwei Arme,
    sechs Füße und nur zehn Zehen!
    Wie soll man das verstehen?

73. Es hat sein Nest auf dem Baum,
    hüpft auf dem Baum herum
    und ist doch kein Vogel!

74. Es ist weg und bleibt weg,
    ist Tag und Nacht weg
    und jedermann sieht es doch!

75. Je mehr es bekommt,
    desto hungriger wird es.
    Hat es alles gefressen,
    so stirbt es.

76. Was für ein seltsames Paar!
    Das Erste stimmt allem zu, was man ihm
    sagt.
    Das andere antwortet immer mit Nein!

77. Immer ist es nah,
    niemals ist es da!
    Wenn du denkst, du seist daran,
    nimmt es einen anderen Namen an.

78. Ich habe keinen Mund,
    doch reiht sich Zahn an Zahn!
    Ohne Füße muss ich auf und nieder,
    hin- und hergehen!

79. Vier Brüder laufen den ganzen Tag mitein-
    ander und doch kann keiner den anderen
    überholen!

Lösungen

Das Scherzrätsel in der Einleitung fragte nach der Sonnenuhr!

1. Die Schuhe

2. Der Daumen

3. Wieder ein Schuh

4. Der Regenbogen

5. Ein Spiegel

6. Das Löschpapier

7. Falschgeld

8. Die Hose

9. Eine sich abwickelnde Garnrolle

10. Der (Herren-)Rock

11. Heute

12. Das Rätsel

13. Die Uhrzeiger

14. Eine wurmstichige Nuss

15. Die Zunge

16. Die Beine

17. Das Buch

18. Die Schnecke

19. Der Atem

20. Das Ei

21. Die Dunkelheit

22. Der Sarg

23. Der Schalttag

24. Das Loch

25. Die Familie mit dem schönen Namen KEI-NER!

26. Die Kirsche

27. Mensch, Hocker, Knochen und ein Hund

28. Der Schlüssel

29. Morgen

30. Die Schere

31. Auf dem Land, zum Beispiel in Bayern, wird „Heu" oft umgangssprachlich „Hei" ausgesprochen. Wer sich nun auf einen hohen Heuwagen legt, ist ein hoher Hei-lieger.

32. Die Nähnadel

33. Die Kastanie

34. Als Weintraube

35. Die Krone

36. Das Auge

37. Der Hahn

38. Die Zwiebel

39. Der Pilz

40. Die (eiserne) Türklinke

41. Das Sieb

42. Der Vorratskeller

43. Tag und Nacht

44. Der Müller (der vom Wasser für seine Mühle abhängig ist)

45. Die Augenlider

46. Der Frühlingswind

47. Die Sonnenuhr

48. Der Kamm

49. Die Kette

50. Der Ofen

51. Die Funken

52. Das Ei

53. Ein Mädchen und ein Floh

54. Die Leiter

55. Das Heu

56. Der Schornstein

57. Der Handschuh

58. Ein gutes Buch

59. Ein Ring

60. Rauch

61. Nüsse und die Nussschalen nach dem Schälen

62. Die Ente mit Daunenfedern

63. Das Wort nichts

64. Das Samenkorn

65. Das Trocknen der Hände

66. Der Mond und das Sonnenlicht

67. Die Zunge

68. Die Wolken

69. Der Schlaf

70. Der Fingerhut

71. Das Salz

72. Reiter und Pferd

73. Das Eichhörnchen

74. Der Weg

75. Das Feuer

76. Ja und Nein

77. Morgen

78. Die Säge

79. Die Räder eines Wagens

Ein Rudel Drudel

Wie hier treten Drudel immer nur in Rudeln auf. Das sind dann die sogenannten Drudelrudel oder Rudeldrudel.

„Bring Drudel!", befahl König Adolar, der ein großer Scherzbold war, seinem Hofnarren.

Am nächsten Tag jaulten mehrere Rudel Wölfe im Burghof. Der Narr hatte „Bringt Rudel!" verstanden.

Drudel sind also mehrdeutig und missverständlich und das ist gerade das Schöne an ihnen!

1.

heißer Herdplatte
Plastikschlumpf auf

2.

Ostfriesen
Schachbrett für

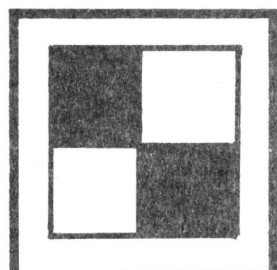

3.

Mercedes-Stern
Schadhafter

4.

Schottischer Igel
oder auch schotti-
sches Nadelkissen

5.

Schadhafter und
damit unbrauchbarer
Golfschläger

6.

Vorwitziger
Holzwurm, der aus
dem Holzbein eines
Piraten hervorlugt

7.

Eine Stechmücke
zeigt stolz ihrem
Freund ihr neuestes
Werk.

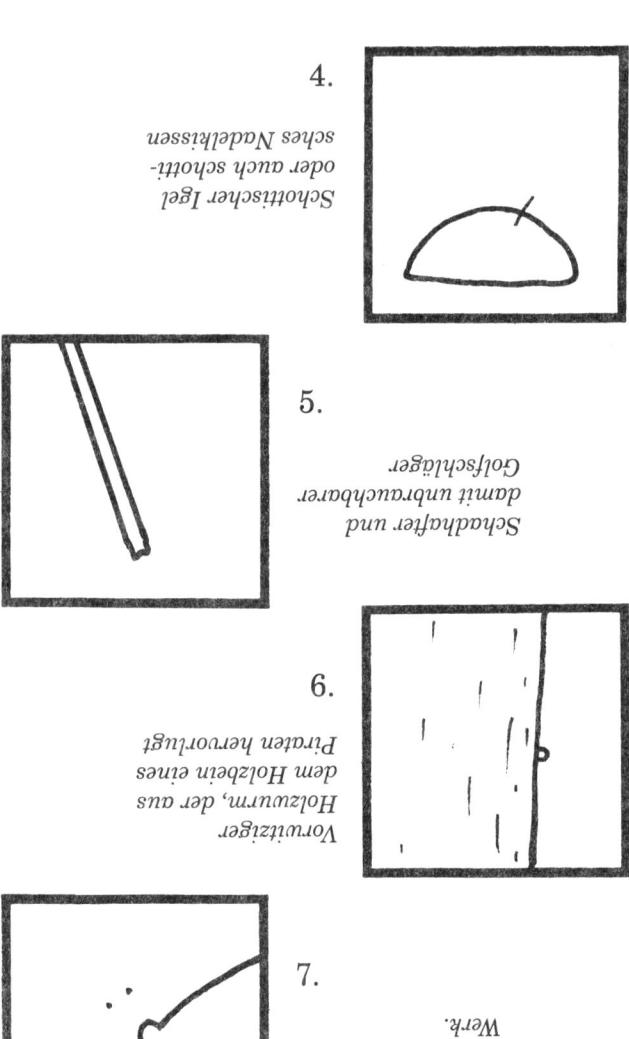

8.

*Der Luftballon eines
glatzköpfigen Mannes
macht sich selbstständig.*

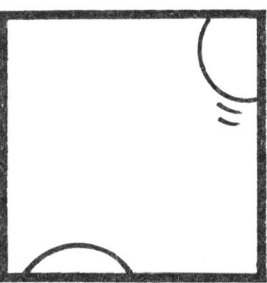

9.

*Blick auf das Meer
durch die Beine
eines O-beinigen
Matrosen*

10.

*Ein fliegender Teppich, der
ohne Passagier davonfliegt
(Seitenansicht)*

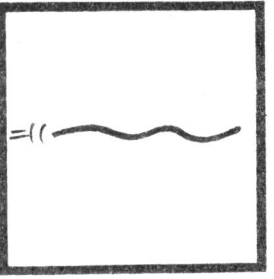

11.

*Elefant tritt in eine
überreife Melone.*

12.

Ein sehr flach gespielter Fußball

13.

Ein Loch in einem Schweizer Käse

14.

Noch warmer, Wiener Apfels-drudel

15.

Reparaturbedürftiges Nagelbrett eines übergewichtigen Fakirs

Was sagte Eva zu Adam?

Nein, du kannst doch unmöglich wissen, was Eva zu Adam im Paradies sagte! Du warst ja nicht dabei, oder? Wenn also jetzt die Scherzfrage gestellt wird, was denn berühmte oder völlig unbekannte Menschen, Tiere oder Dinge so gesagt haben, bekommst du die Antwort frei Haus gleich mitgeliefert! Bitte sei dafür auch ein wenig dankbar!

Übrigens fragte Adam seine Eva: „Liebst du mich?" und sie sagte: „Ja, wen denn sonst?"

Was sagte Noah auf der Arche zu seinem Sohn, als der eine Angel auswarf?

„Denke daran, wir haben nur zwei Würmer dabei!"

Wer läuft denn da?

Der schnellste Schütze westlich des Rio Pecos!

Was sagte Marschall Blücher am Ende seines Ritts von Dresden nach Leipzig?

„Brr!"

Was sagte der Blutspender zur Krankenschwester?

„Nichts zu danken, es kommt ja von Herzen!"

Was sagte das linke Auge zum rechten Auge?

„Also unter uns, etwas riecht hier!"

Was sagte der große Uhrzeiger zum kleinen Uhrzeiger?

„Keine Sorge, in einer Stunde bin ich wieder zurück!"

Was sagte Tarzan zu seinem Affen, als er auf den Urwaldboden fiel?

„Wer hat die Liane eingeölt?"

Was sagte der Gorilla in der voll besetzten Straßenbahn zu Frau Brieldroiler?

„Sie kennen doch sicher diese Sendung im Fernsehen ‚Ein Platz für Tiere', oder? Also, dann machen Sie mir mal bitte Platz!"

Was sagte der Filter zum gereinigten Schmutzwasser?

„Ich hoffe, ich habe dich klar ausgedrückt!"

Wer ist denn das da?

Hildegards neuer Scheinwerfer!

Was sagte der Wurm, als er samt dem Apfel vom Baum fiel?

„Ist ja toll! Ich kann fliegen!"

Was sagte der Floh zum anderen Floh, als sie aus dem Kino kamen?

„Springen wir nach Hause oder nehmen wir einen Hund?"

Was sagte der kleine Igel in der Dunkelheit zum Kaktus?

„Bist du das, Mami?"

Wen siehst du hier?

Einen kürzeren und einen längeren Regenschauer!

Was sagte die Kängurufrau zum Känguru-mann?

„Bei deinem Gehalt können wir uns vorerst keine großen Sprünge leisten!"

Was sagte der Holzwurm zum Konditor?

„Also, Ihr Baumkuchen ist ja ein ausgemachter Schwindel!"

Was sagte die Henne zum Hahn?

„Ich glaube, ich brüte etwas aus!"

Was sagte die Henne zum Küken?

„Wenn das dein Vater wüsste, er würde sich am Grill umdrehen!"

Was sagte der Magnet zur Schraube?

„Also ich finde Sie ja echt so was von anziehend!"

Was sagte der Fakir zu seiner Tochter?

„So eine Schande! Jetzt bist du schon zehn Jahre alt und kaust immer noch nicht Nägel!"

Was sagte der Fakir in der Eisenwarenhandlung?

„Geben Sie mir bitte ein Kilo Nägel. Ich möchte mein Brett neu beziehen!"

Was sagte der Fernseher zum Psychiater?

„Ich habe das Gefühl, alle Menschen starren mich an!"

Was sagte der Zahnarzt zur Frau mit den Hühneraugen?

„Ihr Gehör kann sich sehen lassen!"

Was sagte die berühmte Hellseherin am Abend zu ihrem Ehemann?

„Gib mir deine Hand, ich möchte vor dem Schlafengehen noch etwas lesen!"

Was sagte die große Kerze zur kleinen Kerze?

„Wenn du Lust hast, gehen wir zusammen aus!"

Was sagte das Skelett im Herbstwind?

„Das geht einem ja durch und durch!"

Was sagte das Skelett zum Arzt?

„Herr Doktor, ich möchte jetzt doch lieber mit meiner Diät aufhören!"

Was sagte das Skelett zur Wasserpfütze?

„Ach, du armer Schneemann!"

Was sagte das Skelett zum Barmann?

„Geben Sie mir ein Bier und einen Lappen zum Aufwischen!"

Was sagte das Gespenst, als es auf Reisen gehen wollte?

„Wo fährt denn hier die nächste Geisterbahn?"

Was sagte der Kannibale, als er am Morgen den Missionar in einer Hängematte liegen sah?

„Lecker, lecker, Frühstück im Bett!"

Was sagte der Kannibale, als er eine Reise mit dem Kreuzfahrtschiff antrat?

„Zuerst lese ich mal die Passagierliste!"

Was sagte der Kannibale, als er von seiner Reise durch Deutschland wieder nach Hause zurückkam?

„Herrliche Landschaft, aber das Essen dort ist echt unmenschlich!"

Worüber freut sich Henriette?

Daß ihr Freund so toll Gitarre spielen kann!

Was sagte der Kannibale im Heiratsinstitut?

„Und sie haben wirklich Frauen für jeden Geschmack?"

Was sagte der kleine Kannibale beim Essen zu seiner Mutter?

„Isst man Missionar mit den Fingern?"

Was sagte der Apfel im Herbst?

„Hoffentlich falle ich nicht zu weit vom Stamm!"

Was sagte der Korkenzieher zum anderen Korkenzieher?

„Komisch, immer wenn ich einer Weinflasche zu nahe komme, dreht sich mir gleich der Kopf!"

Was sagte der Kapitän, als er das Stinktier an Bord entdeckte?

„Alle Mann in die Boote, das Schiff stinkt!"

Was sagte das Komma zum Anführungszeichen oben?

„Wo hast du denn diese Sprünge gelernt?"

Wer soll denn das sein?

Ein echter Spitzenreiter!

Was sagte die Milchflasche zur anderen Milchflasche?

„Wieso so schweigsam? Bist du etwa sauer?"

Was sagte der Polizist zu den beiden Orangen, nachdem er sie ausgepresst hatte?

„Im Namen des Gesetzes, ihr seid hiermit entsaftet!"

Was sagte der Vorarbeiter bei der Grundsteinlegung für den Turm von Pisa?

„Wird schon schief gehen!"

Was sagte die Glühbirne zur anderen Glühbirne?

„Du lässt dich aber leicht aus der Fassung bringen!"

Was sagte die Glühbirne zum Schalter?

„Mach mich nicht andauernd an!"

Was sagte der Bergführer am Berg, als es zu regnen begann?

„Vorsicht. Bei diesem Wetter kann man ganz leicht abstürzäääää....!!"

Was sagte der Osterhase zum Psychiater?

„Herr Doktor, ich habe ständig das Gefühl, es gibt mich gar nicht!"

Was sagte der Osterhase zum Christkind?

„Also einer von uns hat sich ganz schwer im Datum vertan!"

Was sagte das Spiegelei zur Bratpfanne?

„Komisch, ich fühle mich so zerschlagen!"

Was sagte der Tausendfüßler zur Tausendfüß-lerin?

„Was hast du nur für hübsche Beine, Beine, Beine ...."

Herrlich doofe Fragen!

Wer dachte, dass es doofer nicht geht, der hatte Recht!
Diese Fragen hier sind nicht doofer als die in früheren Kapiteln.
Aber dafür die Antworten!

1. Wieso wollte der intelligente Fisch nach seinem Abitur im Rhein schwimmen?

Weil er Chemie studieren wollte!

2. Wozu raucht ein Franzose seine Zigaretten?

Zu Asche!

3. Was lebt am besten?

Natürlich der beste Lebstoff, du Nallopf!

4. Wieso halten sich die Indianer beim Spähen die Hand über die Augen?

Weil sie nichts sehen, wenn sie sich die Hand vor die Augen halten!

5. Wie versuchen die Schotten beim Kochen Strom zu sparen?

Sie ärgern das Essen so lange, bis es vor Wut kocht.

6. Was macht ein besonders fauler Affe, wenn er Lust auf Kokosnüsse hat?

Er bringt seine Frau auf die Palme!

Wer ist denn das?

Ein Bildhauer!

7. Welcher englische König trug die größten Schuhe?

Der König mit den größten Füßen!

8. Welcher Möchtegernsportler schreit ohne Grund?

Der Nichtschwimmer!

9. Was wird ein Postbote, wenn du ihm ein o wegnimmst?

Briefträger!

10. Was solltest du tun, wenn dir auf der Autobahn ein Flugzeug entgegenkommt?

Im Rückspiegel nachgucken, ob nicht von hinten gerade ein U-Boot überholen will!

11. Wie kannst du es verhindern, dass eine wertvolle Vase auf den Boden fällt?

Du stellst sie auf den Boden!

12. Was ist das Gegenteil von Frühlingserwachen?

Spätrechtseinschlafen!

13. Was ist der Vorname des Rehs?

Kartoffelpü!

14. Wieso wird in Schottland nicht mit Karten gespielt?

Weil kein Schotte geben will!

15. Was ist das schwierigste und preiswerteste Puzzle der Welt?

Aus Semmelbröseln die Semmel zusammenzusetzen!

16. Wenn Pfadfinder im Wald ohne Kompass nach Westen gehen, was haben sie dann hinter sich?

Ihre Rucksäcke!

17. Was bekommst du, wenn du eine Brieftaube mit einem Specht kreuzt?

Einen Vogel, der dir nicht nur die Post zustellt, sondern der auch noch vorher anklopft!

18. Warum fährt in Schottland abends die Oma mit dem Fahrrad um den Tisch?

Damit die Familie bei Licht essen kann!

19. Warum dürfen Goldfische keinen Wein trinken?

Damit sie nicht blau werden!

20. Was macht ein Pygmäe mit Schmetterlingsnetz am Nordpol?

Er friert!

21. Warum sind die Hunde in der Wüste so schnell und schlank?

Weil die Bäume so weit auseinander stehen!

22. Was solltest du bei Kreislaufbeschwerden machen?

Einfach immer geradeaus laufen!

23. Was solltest du tun, wenn du im Urwald auf eine Schlange triffst?

Dich ohne zu schimpfen hinten anstellen!

24. Was bedeutet denn URFA?

Eine FRAU, die durcheinander ist!

25. Wieso ist der Mond so bleich?

Weil er nachts ständig zu wenig Schlaf bekommt!

26. Was ist groß, gelb, steht vor dem Baum und kann nicht hinauf?

Ein Postauto!

Wen oder was sehen wir hier?

Eindeutig jemand, der nicht alle Tassen im Schrank hat!

27. Wieso ist der Winter immer so lang?

Weil er in einem Jahr anfängt und erst im nächsten Jahr aufhört!

28. Was ist denn das? Es sind zwanzig Stück und sie klirren und wackeln beim Fliegen?

20 Flaschen in einem Träger im Flugzeug bei schlechtem Flugwetter!

29. Was sitzt auf der Eigernordwand, schnauft und pfeift?

Eine verirrte Lokomotive!

30. Wieso ist die Butter so fett?

Damit es beim Streichen nicht quietscht!

31. Wann ist 2 + 2 viel?

Wenn es ein Chinese ausspricht!

32. Seit wann haben Ameisenbären so eine lange Zunge?

Seitdem es sie gibt!

33. Wieso benötigt der Mond ständig neue Kleider?

Weil er ständig zu- und abnimmt!

34. Welche Kleidungsstücke tragen Cowboys am liebsten?

Wilde Westen!

35. Wo wurde der Versailler Vertrag unterschrieben?

Unten am Ende der letzten Seite!

36. Warum sind die meisten Schüler so vermögend?

Weil jeder von ihnen eine Bank hat!

37. Was ist Kunst?

Wenn du in einem runden Zimmer in die Ecke spucken kannst!

38. Was steht im Wald, ist rot und brummt?

Ein Bär in einem billigen Trainingsanzug!

39. Wieso heißen die Ohren des Hasen „Löffel"?

Weil das vorsichtige Tier damit Verdacht schöpfen kann!

40. Jetzt kannst du dir sicher auch denken, wieso Hasen so selten nach China reisen?

Weil sie dort mit Stäbchen statt mit Löffeln essen müssen!

41. Was hängt an der Wand und macht „Kikeriki"?

Eine Kuckucksuhr mit einem verrückten Kuckuck!

42. Warum läuft Bello, der nette Hund, immer in eine Ecke, wenn die Glocke läutet?

Weil Bello ein Boxer ist!

Was ist denn das da Nettes?

Omas neuer Esstisch!

43. Was sagte die Dampflokomotive zur Elektrolok?

Wie hast du es nur geschafft, dir das Rauchen abzugewöhnen?

44. Wie feiert ein Schotte Silvester?

Er wirft einen Frosch aus dem Fenster und knallt die Türe zu!

45. Wer ist der höflichste Autofahrer?

Natürlich der Geisterfahrer, weil er immer so entgegenkommend ist!

46. Wieso können Nonnen nicht heiraten?

Weil sie schon unter der Haube sind!

47. Was ist eine unrichtige Behauptung?

Natürlich eine Perücke!

48. Was können Onkel und Tanten machen, was anderen Familienmitgliedern verwehrt bleibt?

Sie können mitnichten mit Neffen sprechen!

49. Wie lange lebte eigentlich Christoph Kolumbus?

Sein ganzes Leben lang!

50. Gibt es tatsächlich Menschen mit mehr als einem Mund?

Ja. Waisenkinder haben noch einen Vormund!

51. Worauf muss ein Einbrecher in einem Möbelgeschäft besonders achten?

Dass er nicht vermöbelt wird!

52. Was für Haare hatte die schöne Helena?

Ihre eigenen!

53. Was machen die Malteser, wenn es auf Malta regnet?

Sie lassen es regnen!

54. Was ist ein Messer ohne Klinge, an dem der Griff fehlt?

Das ist überhaupt nichts!

55. Wie heißt der schwerste Chinese?

Be Ton!

56. Wie heißt der berühmteste chinesische Bergsteiger?

Hing Am Hang!

57. Wie heißt das neue Programm der Eisrevue in Peking?

Holiday on Reis!

58. Wie heißt der Tausendfüßler auf Italienisch?

Molto Bene!

59. Wie nennt man den Schrei der Glühbirnen?

Neon-Röhren!

60. Wieso konnte Aschenbrödel nicht Basketball spielen?

Weil sie vorm Ball weglief.

61. Wie kommt eigentlich eine Grippe daher?

Auf allen Viren!

62. Was ist der Vorname des Teufels?

Pfui!

63. Wo schlafen die Fische am liebsten?

In einem breiten Flussbett!

64. Wieso schwingen sich die Förster in Schottland wie Tarzan von Baum zu Baum?

Damit die Waldwege geschont werden!

65. Wer ist es, der am besten auf einem Seilinstrument spielen kann?

Ein Pfarrer, wenn er am Glockenseil zieht!

Wieso ist Oma zufrieden?

Weil Opa endlich im Bilde ist!

66. Welcher Teppich ist für normale Wohnungen viel zu lang?

Der 100-Meter-Läufer!

67. Was machen junge Schweine im Schlamm?

Dirty Dancing!

68. Was ist das Lieblingslied der Gänse?

„Gans in weiß …"

Was ist denn hier los?

Andrea überfliegt schnell ihre Hausaufgaben!

69. Wie kannst du auf eine billige und einfache Weise und noch dazu völlig ungefährlich und schmerzlos Sterne vor deinen Augen sehen?

Indem du dir das hier jetzt ansiehst: STERNE VOR DEINEN AUGEN

70. Wie lautet das schottische Rezept für Tomatensuppe?

„Man nehme einen roten Teller und beliebig viel warmes Wasser!"

71. Wieso schluckte der Schwertschlucker im Zirkus ein Schweizer Taschenmesser?

Weil er Diät halten musste!

72. Wonach schießt ein guter Jäger immer?

Immer nach dem Laden des Gewehrs!

73. Welches Wetter ist das lustigste?

Das Regenwetter. Da gibt es Pfützen und Lachen!

74. Was schwingt sich im Urwald von Baum zu Baum und ist besonders gefährlich?

Ein Gorilla mit Maschinengewehr und Handgranaten!

75. Wieso duschte sich der Einbrecher, bevor er sich mit dem Diebesgut davonmachte?

Er wollte sauber davonkommen!

76. Was müssen japanische Touristen immer machen, bevor sie aus einem Bus aussteigen?

Zuerst in den Bus einsteigen!

77. Was sagte die Kuh im Urwald, als sie den Fisch auf der Palme sah?

„Das darf doch alles gar nicht wahr sein!"

78. Wie nennt man das, wenn ein Dackel auf einen hohen Baum klettert, herunterspringt und ihm dabei nichts passiert?

Glück!

79. Wie nennt man das, wenn ein Dackel zweimal auf einen hohen Baum klettert, zweimal herunterspringt und ihm zweimal nichts passiert?

Das ist ein unglaublicher Zufall!

80. Wie nennt man das, wenn ein Dackel dreimal auf einen hohen Baum klettert, dreimal herunterspringt und ihm dreimal nichts passiert?

Das ist eine lästige Gewohnheit!

Scherzhaftes im Schnellverfahren

Die Lösungen zu diesem Kapitel findest du ab Seite 301.

Zum krönenden Abschluss knacken wir lässig und gekonnt eine kunterbunte Mischung von Scherz- und Fangfragen. Jetzt aber flott!

1. Welche Zahl suchst du im Rechenbuch vergebens?

2. Welche Perle haben kleine Kinder am liebsten?

3. Was sagte der Zauberer zum toten Pferd?

4. Was wird immer falsch geschrieben?

5. Wo befindet sich eine Fee ohne Zauberkräfte?

6. Welches Wort ist gleich ein ganzer Satz?

7. Wieso ist jeder Lehrer mindestens zweisprachig?

8. Mit welchen Streifen kannst du keine Muster bilden?

9. Was sind die lustigsten Tiere?

10. Wann ist die Sicht stets klar?

11. Welche Schule ist für Kinder nicht geeignet?

12. Gibt es Wände, die sich nicht bemalen oder tapezieren lassen?

13. Auf welchen Seen schwimmen keine Schiffe?

14. Welcher Mann wird stets unschuldig aufgehängt?

15. Was sind musikalische Kanten?

16. In welchem Garten wächst kein Unkraut?

17. Wer verdient sein Geld im Handumdrehen?

18. Was ist das dümmste aller Tiere?

19. In welchem Getränk versteckt sich ein Tier?

20. Gibt es Kätzchen, die niemals schnurren?

21. Gegen was fällt ein Mensch, wenn er hinfällt?

22. Welcher Ring hat einen Anfang und ein Ende?

23. Was ist das unruhigste Kleidungsstück?

Was ist denn hier los?

Da ihn seine Mitspieler nicht einsetzen, hängt Uwe völlig in der Luft!

24. Welcher Bart kann nicht abrasiert werden?

25. Welches Getränk kostet auch heute nicht mehr als vor 30 Jahren?

26. Was kannst du in die Luft werfen und es bleibt stecken?

27. Welcher Stand ist der beste?

28. Was ist die größte Glocke in Deutschland?

29. Welcher Bus fuhr über das Meer?

30. Welches Kraut wächst am besten?

31. Welches Lebensmittel ist am lustigsten?

Wer ist denn das?

Ein echter Seiltänzer!

32. Welche Augen sind am fleißigsten?

33. Wann ist es den Zungen am heißesten?

34. Wer darf dir im Sommer ungestraft auf die Stirn treten?

35. Warum werden die Menschen beim Fernsehen so leicht müde?

36. Was wird nicht gar, obwohl es immer wieder gekocht wird?

37. Was ist die fröhlichste Krankheit?

38. Was muss jeden Morgen neu gemacht werden, obwohl es nicht kaputt ist?

39. Welche Zeiten gelten allgemein als die schönsten?

40. Welche Gabe ist keine Spende?

41. Welchen Helm kannst du dir nicht aufsetzen?

42. Welche Biere schäumen am meisten?

43. Wann ist ein Schluss kein Ende?

44. Wieso gilt der Rhein als großer Säufer?

45. Welcher Stuhl bewegt sich oft?

46. Welche Kunden werden im Geschäft nichts bekommen?

47. Welche Münze kannst du essen?

48. In welchem Sack kannst du nichts tragen?

49. Welche Schuhe haben keine Sohlen?

50. Was hat Augen und kann doch nicht sehen?

51. Was ist schwarz, braun, gelb oder rot und wird von selber grau und weiß?

52. Was steigt und fällt und bleibt doch stets am gleichen Ort?

53. Wo hat ein Fluss kein Wasser?

54. Was können Kinder machen, das niemand sehen kann?

55. Wieso vergeht die Zeit so schnell?

56. Was ist immer hinter der Zeit?

57. Wo kommt Dienstag vor Montag?

58. Welches ist das kürzeste Jahr?

59. Mit welchem Tau lassen sich keine Boote festmachen?

60. Was gehört dir, aber es wird von anderen viel öfter verwendet?

61. Was machen alle Menschen auf der ganzen Welt zur gleichen Zeit?

62. Wie nennen die Menschen in Schwäbisch-Hall kleine schwarze Katzen mit einem Fleck auf der Stirn?

63. Was kommt immer näher und verschwindet sofort, wenn es da ist?

64. Was steht jede Woche im Terminkalender von Zirkusdirektor Baldini?

65. Wo kann kein Mensch etwas stehlen?

66. In welchem Land wächst der beste Wein?

67. Welches Tier ist hoch geboren?

68. Was versteht man unter einer Eisenbahn-brücke?

Was macht Jens hier am Schluß?

Er setzt allem noch die Krone auf!

69. Wieso fliegen Hexen auf einem Besen durch die Luft?

70. Wie schreibt man trockenes Gras mit drei Buchstaben?

71. Was bedeutet das Sprichwort „Rom wurde nicht an einem Tag erbaut"?

72. Welche auf der ganzen Welt verbreitete Krankheit kommt in keinem Land vor?

73. Welche Tracht steht dir nicht so besonders?

74. Wieso teilte Moses zum Hindurchgehen das Rote Meer?

75. Wo kommen alle Säcke zusammen?

76. Wie viele Flöhe gehen in einen Fingerhut?

77. Wer kann ohne Flügel fliegen?

78. Welche Sohlen halten am besten?

79. Wie viel wiegt der Mond?

80. Warum sind die größten Menschen am faulsten?

81. Was ist der kürzeste Monat?

82. Wie werden 9 Äpfel gerecht unter sieben Kinder verteilt?

83. Wenn der Kopf des Pferdes nach Norden zeigt, wohin zeigt dann sein Schwanz?

84. Warum trinken Mäuse nie Alkohol?

85. Was reist um die ganze Welt, bleibt aber trotzdem immer in der Ecke?

86. Wenn der Walfisch zu den Säugetieren gehört, wozu gehört dann der Hering?

87. Mit welcher Erfindung kannst du sogar durch dicke Mauern hindurchsehen?

88. Was ist näher bei dir als bei mir und trotz- dem kann ich es besser sehen als du?

89. Wer war der Vorgänger des Nachfolgers von Ludwig II.?

90. Was tragen Gummibären, wenn es heftig regnet?

91. Was fängt mit T an, ist voller T und hört mit T auf?

92. Wie nennt man einen Bumerang, der nie zurückkommt?

93. Wann ist die Kuh eine Kuh?

94. Mit welcher Hand rührst du eine Tasse mit sehr heißem Melissentee um?

95. Was ist Remade für ein Käse?

96. Was ist ein eisenhaltiges Abführmittel?

97. Wie kannst du ein Boot essen?

98. Wo wachsen im Frühling die ersten Pflau- menblüten?

99. Was geht ohne Füße und Hände?

100. Was ist das beste Schlafmittel?

101. Was hat Streifen und dreht sich im Kreis?

102. Was machen die Pygmäen im Urwald mit den Bananenschalen?

103. Warum sieht man keine gelbroten Monster im Zoo?

104. Wieso bekommt ausgerechnet Susi keine Pickel?

105. Wenn ein Nachtwächter am Tag stirbt, bekommt er dann trotzdem eine Rente?

106. Wieso hat der Bäcker eine weiße Mütze?

107. Was ist aller Laster Anfang?

108. In welchem Zug kann nur eine Person befördert werden?

109. Wann steckt jemand über seinen Ohren in Schulden?

110. Welcher Regen bringt keinen Segen?

111. Was haben Taschenbuch und Bierdeckel gemeinsam?

112. Wie grüßen sich die Päpste?

113. Was dreht und dreht sich und wird nicht schwindelig?

114. Welche Tomaten solltest du nicht essen?

115. Warum währt Ehrlichkeit am längsten?

116. Wie kam die Ameise über den Fluss?

117. Wie schmeckt die Schokolade am besten?

118. Welches Pulver wird nicht zum Schießen verwendet?

119. Welche Themen sind immer schön anzuschauen?

120. Wieso baute sich Architekt Dühlenboiler ein neues Haus?

121. Welcher Biss ist nicht unangenehm?

122. Wer hat es besser? Der Mensch oder das Alphabet?

123. Wo kommt die Ehe vor der Verlobung?

124. Warum schrieb der Apostel Paulus an die Korinther?

Lösungen

1. Rübezahl!

2. Kasperle!

3. Abrakadaver!

4. Das Wort falsch!

5. Im Kaffee!

6. Das Sprichwort!

7. Weil er immer Deutsch und Quatsch redet!

8. Mit den Polizeistreifen!

9. Die Bienen. Sie summen stets bei der Arbeit!

10. Wenn es die Einsicht ist!

11. Die Fahrschule!

12. Die Einwände!

13. Auf den Museen!

14. Der Hampelmann!

15. Die Musikanten!

16. Im Kindergarten!

17. Der Mann an der Drehorgel!

18. Das Kalb. Seine beiden Eltern sind Rindviecher!

19. Der Affe im Kaffee!

20. Die Weidenkätzchen!

21. Gegen seinen Willen!

22. Der Hering!

23. Die Strampelhose!

24. Der Schlüsselbart!

25. Das Freibier!

26. Ein Stecken!

27. Der Verstand!

28. Die Dunstglocke über dem Ruhrgebiet!

29. Kolumbus!

30. Das Unkraut, denn es vergeht nicht!

31. Die Butter, wenn sie ausgelassen ist!

32. Die Hühneraugen, denn sie sind ständig auf den Füßen!

33. Wenn Heizungen in Betrieb sind!

34. Der Schweiß!

35. Weil sie auf die Mattscheibe starren!

36. Die Kochwäsche!

37. Der Scharlach!

38. Das Bett!

39. Die Mahlzeiten!

40. Die Hausaufgabe!

41. Wilhelm!

42. Die Barbiere!

43. Wenn es ein Entschluss ist!

44. Er ist schon am Morgen benebelt!

45. Der Fahrstuhl!

46. Die Sekunden!

47. Den Emmentaler!

48. Im Dudelsack!

49. Die Handschuhe!

50. Die Kartoffel!

51. Das Haar!

52. Das Thermometer!

53. Auf der Landkarte!

54. Lärm!

55. Weil so viele Menschen die Zeit totschlagen wollen!

56. Die Rückseite der Uhr!

57. Im Wörterbuch!

58. Neujahr!

59. Mit dem Morgentau!

60. Dein Name!

61. Älter werden!

62. Mullele (Kätzchen)

63. Morgen!

64. Montag, Dienstag, Mittwoch ...!

65. Wo nichts ist!

66. Es wächst nirgendwo Wein! Es wachsen nur Trauben!

67. Der Storch!

68. Nicht viel, wenn gerade ein Zug drüberfährt!

69. Besser schlecht geflogen als gut gegangen!

70. H-E-U!

71. Nachtarbeit!

72. Die Seekrankheit

73. Die Tracht Prügel steht dir nicht so!

74. Weil keine Brücke vorhanden war!

75. An der Naht!

76. Keiner! Flöhe gehen nicht, sie springen!

77. Jeder, der sich ein Flugticket leisten kann!

78. Die Fußsohlen!

79. Ein Pfund, denn der Mond hat vier Viertel!

80. Weil sie am längsten im Bett liegen!

81. Der Mai, er hat nur drei Buchstaben!

82. Apfelmus machen und dann aufteilen.

83. Nach unten!

84. Weil sie den Kater fürchten!

85. Die Briefmarke!

86. Zu den Pellkartoffeln!

87. Mit dem Fenster!

88. Dein Hinterkopf!

89. Ludwig II. selbst!

90. Gummibärchenschuhe!

91. Ein Teepott!

92. Das ist ein einfaches Stück Holz!

93. Wenn sie ganz allein ist. Sind mehrere da, nennt man es Kühe!

94. Mit keiner Hand! Du solltest dafür einen Löffel verwenden!

95. Das ist Edamer von rückwärts!

96. Die Handschellen!

97. Du vertauscht das erste o mit einem r!

98. Auf einem Pflaumenbaum!

99. Ein Hefeteig geht auf.

100. Das Bett!

101. Ein Zebra in der Drehtür!

102. Wegwerfen!

103. Sie können sich den Eintritt nicht leisten!

104. Susi ist ein Hund!

105. Nein, leider nicht, denn er ist ja tot.

106. Damit er sie aufsetzen kann!

107. Die Stoßstange

108. Im Anzug

109. Wenn er eine unbezahlte Perücke trägt!

110. Sich aufregen!

111. Man kann damit einen wackeligen Tisch unterlegen!

112. Gar nicht. Es gibt nur einen Papst.

113. Die Erde

114. Die Automaten!

115. Weil von ihr so wenig Gebrauch gemacht wird!

116. Sie ließ das A weg und flog als Meise!

117. Auf der Zunge!

118. Das Puddingpulver.

119. Die Chrysanthemen!

120. Weil er kein altes Haus bauen konnte!

121. Der Imbiss!

122. Das Alphabet. Es hat nur ein W(eh)!

123. Im Wörterbuch

124. Weil er nicht in Korinth war!